PiRi

Das Sprach-Lese-Buch 2

für Bayern bearbeitet
von
Susanne Auer
Yvonne Häusler
Camilla Kloos
Klaus Markel

Ernst Klett Schulbuchverlage
Stuttgart · Leipzig

PiRi
Das Sprach-Lese-Buch 2

Gedruckt auf Papier aus
chlorfrei gebleichtem Zellstoff, säurefrei.
Umschlag mit PP-Folie kaschiert,
umweltverträglich und recycelbar.

1. Auflage 1 6 5 | 2010 09

Alle Drucke dieser Auflage sind unverändert und können im Unterricht nebeneinander verwendet werden. Die letzte Zahl bezeichnet das Jahr des Druckes.

Internetadresse: www.klett.de

Erarbeitet von Angela Hock-Schatz, Sonja Kargl, Ute Schimmler und Sabine Trautmann
Für Bayern bearbeitet von Susanne Auer, Yvonne Häusler, Camilla Kloos und Klaus Markel

Redaktion: Sandra Adomeit, Heike Leonhardt
Herstellung: Marion Krahmer
Layoutkonzeption: Torsten Lemme, Berlin
Illustrationen: Antje Damm, Nürnberg, Sylvia Graupner, Annaberg, Heike Herold, Köln, Dieter Konsek, Wilhelmsdorf, Cleo-Petra Kurze, Berlin, Claudia Weikert, Wiesbaden
Gestaltung: Dagmar & Torsten Lemme, Berlin
Umschlaggestaltung/Kapitelauftaktseiten: Steffi Kassler, Leipzig, unter Verwendung der Illustrationen von Sylvia Graupner und Claudia Weikert
Reproduktion: Meyle + Müller, Medien-Management, Pforzheim, a bis z-Publishing GmbH, Leipzig
Druck: Firmengruppe APPL, aprinta druck, Wemding
Printed in Germany
ISBN-13: 978-3-12-270551-0
ISBN-10: 3-12-270551-6

Zeichenerklärung:

Verweis zum Leselexikon

Verweis zum Lesetext

9 783122 705510

Inhalt

Ich mag ...

Vom Lesen
und
Schreiben

Wünsche
und Träume

Erleben und
Beschreiben

In anderen
Ländern

Erzählte Zeit

Das Jahr

Ich mag ...

Im zweiten Schuljahr

❶ Wie stellst du dir das zweite Schuljahr vor?
Unterhalte dich mit den anderen Kindern darüber.

Gesprächsregeln
1. Ich melde mich, bevor ich rede.
2. Ich spreche nur, wenn ich an der Reihe bin.
3. Ich sehe meinen Gesprächspartner an.
4. Ich höre anderen genau zu.
5. Ich lache niemanden aus.

❷ Warum sind Regeln wichtig?

❸ Findet ihr weitere Regeln für eure Klasse?

❹ Gestaltet ein Plakat mit Regeln für euer Klassenzimmer.

Unsere Wünsche

Ich heiße Anna.
Ich bin acht Jahre alt
und gehe in die zweite Klasse.
Ich möchte lustige Bücher lesen
und neue Lieder lernen.
Beim Rechnen will ich
weniger Fehler machen.

Ich heiße Michael.
Ich bin acht Jahre alt
und gehe in die zweite Klasse.
Ich mag Sport
und möchte oft Fußball spielen.
Ich will endlich bis 100 rechnen.
Für Diktate möchte ich nicht
so viel üben.

1. Schreibe auf, was Anna und Michael sich wünschen.
2. Was wünschst du dir in der zweiten Klasse? Erzähle.

spielen lesen – liest rechnen lernen wollen – will
machen neu alt – älter Klasse Fuß

Alles über Piri

Ich bin Piri, das Wiesel.
Ich habe kurze Beine und bin viel größer als eine Maus.
Mein Fell ist graubraun.
Am Bauch ist es weiß.

Ich lebe im Garten und in der Hecke. Ich kann gut jagen.
Am liebsten fange ich Mäuse.

Ich bin flink und kann schnell laufen. Ich kann gut klettern und schwimmen.

1. Schreibe auf, was Piri alles kann.
   Piri kann gut …

2. Suche weitere Informationen über Wiesel im Tierlexikon oder im Internet.

alles	fangen – fängt	gut	Maus – Mäuse
weiß	leben – lebt	Bein	Bauch – Bäuche

Was du alles kannst

schreiben

lesen

malen

Flöte spielen

Fußball spielen

Tiere pflegen

rechnen

Rätsel lösen

schwimmen

singen

reiten

einkaufen

1. Schreibe auf, was du alles kannst.
2. Was würdest du gerne besser können? Erzähle.
3. Wobei könntest du einem anderen Kind aus deiner Klasse helfen? Überlege.
4. Wann hast du schon einmal Hilfe gebraucht? Wer könnte dir helfen?

können – kann | malen | singen – singt

schreiben – schreibt | helfen – hilft | pflegen – pflegt

Abc-Spielereien

A B C D E F G H I J K L M N O P Q R S T U V W X Y Z

A und B und C –
ein Hase sitzt im Klee.
D E F G H –
er sitzt sehr lange da.
I J K und L –
dann springt er auf ganz schnell –
M N O P Q –
und ist davon im Nu.
R S T U V –
es rief ihn seine Frau –
W X Y Z –
ins Möhrenfeld, wie nett!

❶ Schreibe
das Abc-Gedicht ab.

So übst du das Abschreiben:

1. Lies den Text.
2. Lies eine Wortgruppe.
3. Sprich laut und deutlich.
4. Schreibe sie auswendig auf.
5. Vergleiche: Hast du alles richtig?

❷ Lerne das Gedicht auswendig. S. 44

Hase Frau

Arbeit mit der Wörterkartei

So arbeitest du mit deiner Wörterkartei:

1. Schreibe das Lernwort auf ein Kärtchen.
   Kontrolliere, ob du richtig geschrieben hast.
2. Markiere die schwierige Stelle farbig.
3. Entscheide: Ist das Wort für dich ein Mitsprechwort, ein Nachdenkwort oder ein Merkwort?
4. Begründe deine Meinung.
5. Ordne das Wort in deine Wörterkartei nach dem Abc ein.

Anna hat Geburtstag

Von Pia bekommt Anna eine Spieluhr.
Bernd schenkt ihr ein Buch.
Ihre Schwester Lea
malt ihr ein Bild, auf dem ein Haus,
eine Sonne und ein Baum
zu sehen sind.
Das schönste Geschenk
bekommt sie von Oma.
Sie schenkt Anna einen
gelben Wellensittich
mit grünen Flügeln.

Menschen, Tiere, Pflanzen und Dinge haben Namen.
Das sind **Namenwörter.** Namenwörter schreibst du immer groß.

1. Schreibe den Text ab. Unterstreiche alle Namenwörter.
2. Schreibe die Buchstaben deines Namens untereinander.
   Finde zu jedem Buchstaben ein Namenwort.
   Kontrolliere mit der Wörterliste.

Pizza
Insel
Rose
Igel

Lied
Indianer
Salzstangen
Apfelsaft

Uhr Buch Bild – Bilder Haus – Häuser Sonne
Baum – Bäume Flügel

Viele Geschenke

Namenwörter haben **Begleiter.**
Der Begleiter steht vor dem Namenwort.
Es gibt die Begleiter **der, die, das: der** Mann, **die** Frau, **das** Kind.

1. Welche Dinge siehst du auf dem Tisch?
   Ordne die Namenwörter in eine Tabelle.

der	die	das

2. Trage weitere zehn Namenwörter in die Tabelle ein.
3. Schreibe alle Namenwörter noch einmal mit Begleiter auf.
4. Ihr könnt eure Lieblingsdinge oder Geschenke ausstellen. Schreibt dazu kurze Texte.

Eine Katze für Michi

„Meine Katze hat vier Junge bekommen“, sagt Anja eines Tages zu Michi.
„Willst du nicht eine Katze haben?“
Michi wünscht sich schon lange eine Katze.

Am Nachmittag besucht er Anja. Die kleinen Katzen kuscheln sich an ihre Mutter. Michi ist ganz aufgeregt. Er zeigt auf ein graues Katzenkind und ruft: „Am liebsten möchte ich **die** Katze haben.“

❶ Kannst du erklären, warum es manchmal **die Katze** und manchmal **eine Katze** heißt?

Namenwörter können **bestimmte** und **unbestimmte** Begleiter haben. Bestimmte Begleiter sind **der, die** und **das;** unbestimmte Begleiter sind **ein** und **eine.**

Zu Hause erzählt Michi seiner Mutti:
„Anjas Katze hat vier Junge bekommen.
Sie würde mir ____ Katze schenken.
Ich habe mir ____ kleinen Katzen angeschaut.
Drei Katzen sind rot und eine ist grau getigert.
Ich möchte ____ graue Katze haben.“

❷ Schreibe mit Begleiter ab, was Michi erzählt.

Katze klein rot haben – hat wünschen
zeigen – zeigt rufen

Lieblingstiere

Anja hat für die Schule ein Plakat über Katzen erstellt:

❶ Gestalte ein Plakat über dein Lieblingstier.

So bereitest du ein Plakat über dein Lieblingstier vor:
1. Überlege dir Fragen zu deinem Tier und schreibe jede Frage auf einen Pfeil aus Tonpapier.
2. Klebe ein Bild von deinem Haustier in die Mitte und klebe die Fragen außen herum.
3. Beantworte die Fragen. Du kannst im Tierlexikon nachlesen, Erwachsene fragen oder im Internet schauen.
4. Schreibe die Antworten zu den Fragen auf das Plakat.

❷ Du kannst dein Plakat in der Klasse vorstellen.

Was ich an dir mag

Die Kinder der 2c kennen sich seit einem Jahr.
Jedes Kind hat aufgeschrieben,
warum es ein anderes Kind besonders mag.

Mit Mehmed kann ich gut Fußball spielen.

Merve ist eine gute Freundin. Sie ist immer lustig.

Ich mag Thomas Mayer.
Ich mag Thomas Mayer sehr.
Ich mag Thomas Mayer sehr gern.
Ich mag Thomas Mayer sehr gern,
weil er mein Freund ist.

Alle diese Sätze sind **Aussagesätze.**
Am Satzanfang schreibst du immer groß.
Aussagesätze enden mit einem Punkt.

1. Schreibe ähnliche Sätze über Kinder deiner Klasse.
2. Lies deine Sätze einem anderen Kind vor. Achte auf deine Stimme.

Im Leseteil findest du das Gedicht
„Wann Freunde wichtig sind“. S. 24

Freund   Freundin   Satz – Sätze

Freundschaft

Anna und Mona

Mona ist Annas Freundin sie gehen zusammen zur Schule sie spielen gemeinsam auf dem Schulhof am Nachmittag lernen sie zusammen manchmal haben sie sogar die gleichen Träume

1. Schreibe die fünf Sätze richtig auf.
2. Markiere die Satzanfänge und die Punkte farbig.

In der Schule

Michi ist der Freund von Max. Er möchte neben Max sitzen. Aber Max sitzt neben Lukas. Die Kinder denken nach.

3. Übe den Text als Partnerdiktat.

So könnt ihr ein Partnerdiktat üben:

1. Lest beide den Text.
2. Ein Kind diktiert.
3. Das andere Kind schreibt.
4. Kontrolliert den Text.
5. Berichtigt die Fehler.
6. Nun kann gewechselt werden.

Schule sitzen – sitzt denken

Zungenbrecher

Zwischen zwei …
Zwischen zwei Zwetschgenzweigen …
Zwischen zwei Zwetschgenzweigen zwitschern …
Zwischen zwei Zwetschgenzweigen zwitschern zwei Zeisige.

Wir Wiener Waschweiber würden weiße Wäsche waschen,
wenn wir wüssten, wo warmes Waschwasser wär.

Fischers Fritze fischte frische Fische.
Frische Fische fischte Fischers Fritze.

- Lies die Zungenbrecher so deutlich wie möglich vor. Versuche es dann immer schneller.

Lauter Unsinn

Am Abend arbeiten alle Ameisenbären.

Viele Vögel verderben viele Vogelhäuschen.

Wilde Wiesel wackeln wendig wie Wackelpudding.

Klara kann komische kalte Kaugummis klein kauen.

- Fällt dir an den Sätzen etwas auf?
- Denkt euch gemeinsam Zungenbrecher oder Unsinnsätze aus.

Das Abc im Rückwärtsgang

Kennst du das ZYX?
Für den Könner ist das nix.
WVU, TSRQ.
Siehst du wohl, das geht im Nu.

PONM, LKJI.
Aufgepasst! Das schadet nie.
Noch mal Gas, dann sind wir da:
HGFE, DCBA.

Josef Guggenmos

Das **A** und das **U**
stießen heftig zusammen
(wahrscheinlich war es
glitschig und nass).
Jedenfalls tat
der Zusammenprall weh;
drum schrien sie.
Aber was? Aber was?

Hans Manz

Sabine

Wenn Sabine Hunger hat,
dann sagt sie:
Ich habe Hunger.

Wenn Sabine Durst hat,
dann sagt sie:
Ich habe Durst.

Wenn Sabine Bauchweh hat,
dann sagt sie:
Ich habe Bauchweh.

Dann bekommt sie zu essen,
zu trinken und auch
eine Wärmflasche auf den Bauch.

Und wenn Sabine Angst hat,
dann sagt sie nichts.

Und wenn Sabine traurig ist,
dann sagt sie nichts.

Und wenn Sabine böse ist,
dann sagt sie nichts.

Niemand weiß,
warum Sabine Angst hat.

Niemand weiß,
warum Sabine traurig ist.

Niemand weiß,
warum Sabine böse ist.

Niemand kann Sabine verstehen
und niemand kann Sabine helfen,
weil Sabine
nicht über Sabine spricht.

Marianne Kreft

- Kannst du Sabine helfen?
- Mit wem sprichst du, wenn du traurig bist?

Jakob ist traurig

Warum?
Vielleicht hat er eine Geschichte erzählt,
und keiner hat ihm zugehört.
Vielleicht hat er ein Lied gesungen,
und die anderen haben sich die Ohren zugehalten.
Vielleicht hat er Lust auf ein Schmalzbrot gehabt,
und keiner hat ihn abbeißen lassen.

Es gibt so viele Dinge,
die ihn traurig machen.

Jakob ist froh

Warum?
Vielleicht hat er eine Geschichte erzählt,
und die anderen haben ihm zugehört.
Vielleicht hat er ein Lied gesungen,
und die anderen haben gerufen:
„Bitte noch einmal von vorn!“
Vielleicht hat er Lust
auf ein Schmalzbrot gehabt,
und Kathi hat ihn
abbeißen lassen.

Es gibt so viele Dinge,
die einen froh machen.

Lene Mayer-Skumanz

- Was macht dich froh oder traurig?

Wenn ich glücklich bin

Text und Melodie: Klaus W. Hoffmann © Aktive Musik

2. Wenn ich wütend bin, sag ich dir,
ja, dann stampf und brüll ich wie ein wilder Stier.
Solche Sachen kommen mir so in den Sinn,
wenn ich wütend bin, wütend bin.

3. Wenn ich albern bin, fällt mir ein,
ja, dann quiek ich manchmal wie ein kleines Schwein.
Solche Sachen kommen mir so in den Sinn,
wenn ich albern bin, albern bin.

4. Wenn ich traurig bin, stell dir vor,
ja, dann heul ich wie ein Hofhund vor dem Tor.
Solche Sachen kommen mir so in den Sinn,
wenn ich traurig bin, traurig bin.

5. Wenn ich fröhlich bin, hör mal zu,
ja, dann pfeif ich wie ein bunter Kakadu.
Solche Sachen kommen mir so in den Sinn,
wenn ich fröhlich bin, fröhlich bin.

- Wie verhältst du dich, wenn du glücklich oder wütend bist? Schreibe auf.

Beim Heulen zu sagen

Ich bin so u-hu-hunglücklich
und weine, weil ich wa-ha-hein!
Und ka-ha-heiner so-holl mich
jetzt trösten, na-ha-hei-hi-hin!!!
Ich will – buhu! –
ich will – hawu! –
will bö-hö-hö-hös sa-ha-hein!

Ich bin so u-hu-hunglücklich,
weiß selber nicht waru-hu-hum!
Ich gla-hu-hub, heut nehm' i-hich
das ganze Leben kru-hu-humm!
Mein Kum-huhu!-mer ist – hawu! –
mir selber bald zu du-hu-humm!

Michael Ende

Das wünsch' ich mir

Ich möcht' ein bisschen glücklich sein.
Ich möchte mich mit andern freun.
Ich wünsch' mir, dass mich jemand fragt:
„Wie geht es dir?“, und einfach sagt:
„Ich mag dich und bin gern bei dir!“
Das wünsch' ich mir!

Rolf Krenzer

Wann Freunde wichtig sind

Freunde sind wichtig zum Sandburgenbauen,
Freunde sind wichtig,
wenn andre dich hauen,
Freunde sind wichtig zum Schneckenhaussuchen,
Freunde sind wichtig zum Essen von Kuchen.
Vormittags, abends,
im Freien, im Zimmer …
Wann Freunde wichtig sind?
Eigentlich immer!

Georg Bydlinski

Sofie hat einen neuen Pullover

Oma hat Sofie einen neuen Pullover geschenkt.
Er ist knallrot und hat einen Rollkragen.
Sofie findet den Pullover schön.
Die werden in der Schule staunen!
Auf dem Stuhl sitzt sie ganz gerade,
damit man den Pullover auch gut sieht.
In der Pause spielt sie nicht mit,
damit der Pullover nicht schmutzig wird.
Aber keiner sagt etwas,
nicht mal Frau Heinrich.
Am nächsten Tag will sie den Pullover
nicht mehr anziehen.
„Du spinnst wohl“, sagt Sofies Mutter.
„Nein, ich spinne nicht“, sagt Sofie.
„Keiner mag den Pullover.“
„Wieso?“, fragt Mutter.
„Keiner hat was gesagt.“
„Hör mal“, sagt Mutter,
„du hast mir doch erzählt:
Olli hat so schöne neue Stiefel.
Hast du ihm was dazu gesagt?“
„Nein“, sagt Sofie.

Peter Härtling

- Was tut Sofie, damit die anderen ihren Pullover sehen?
- Warum möchte Sofie den Pullover nicht mehr anziehen?
- Ist es wichtig, etwas Schönes anzuziehen?

Weißt du eigentlich, wie lieb ich dich hab?

„Rate mal, wie lieb ich dich hab“,
sagte der kleine Hase zum großen Hasen.
„Oh“, sagte der große Hase,
„ich glaub nicht, dass ich das raten kann.“
„So sehr“, sagte der kleine Hase
und breitete seine Ärmchen aus,
so weit er konnte.
Der große Hase hatte viel längere Arme.
„Aber ich hab dich sooo sehr lieb“,
sagte er.

Hm, das ist viel,
dachte der kleine Hase.
„Ich hab dich lieb,
so hoch ich reichen kann“,
sagte der kleine Hase.
„Ich hab dich lieb,
so hoch ich reichen kann“,
sagte der große Hase.
Das ist ziemlich hoch,
dachte der kleine Hase.

Sam McBratney, Anita Jeram

- Lest die Geschichte mit verteilten Rollen.

Lieblingstiere

Mein Lieblingstier hat vier Beine.
Es hat eine schwarze Nase
und kann bellen.
Es ist mein bester Freund.
Kannst du es erraten?

Mein Lieblingstier ist gelb.
Es frisst Körner und ab
und zu Salat.
Es kann fliegen und wohnt
in einem Käfig im Wohnzimmer.
Kannst du es erraten?

Mein Lieblingstier schläft am Tag.
In der Nacht läuft es in seinem
Laufrad. Deshalb stelle ich
den Käfig am Abend immer
vor mein Zimmer.
Kannst du es erraten?

Mein Lieblingstier hat
zwei lange Ohren.
Die Ohren nennt man
auch Löffel.
Es frisst Löwenzahn.
Kannst du es erraten?

- Schreibe selbst ein Tierrätsel
  und lass die Kinder in deiner Klasse raten.

ÜBUNGEN

Arbeit mit der Wörterkartei

1 Ordne diese Lernwörter in deine Wörterkartei ein. S. 11

Katze	Maus	wollen	spielen	haben
Bauch	Freund	gut	klein	Uhr

Das Abc

2 Ordne die Wörter in jeder Zeile nach dem Abc. Was stellst du fest?

GERNE	EULE	HASEN	DIE	FÄNGT
KEINE	MÄUSE	LIEBEN	JAGEN	IGEL

3 Schreibe alle Tiernamen nach dem Alphabet geordnet auf.

Affe	Maus	Kamel	Pferd	Seelöwe	Vogel
Fisch	Bär	Igel	Nashorn	Tiger	Wal
Hund	Elefant	Giraffe	Löwe	Zebra	Qualle

ÜBUNGEN

Arbeit mit der Wörterliste

❶ Die folgenden Wörter stehen in der Wörterliste ab Seite 222.
Welches Wort findest du jeweils darunter?
Schreibe es auf. Dabei entsteht ein Satz.

winzig	siegen	immer	denn	Schuh
Wir	*singen*	*...*		

Namenwörter und Begleiter

Die Kinder der 2a haben mitgebracht, was sie besonders mögen. Lea legt eine Kette auf den Tisch. Michael mag seine Puppe, aber er bringt lieber sein Auto mit. Katrin spielt gerne Ball. Alex will seinen Computer mitbringen, doch das darf er nicht. Darum stellt er ein Spiel aus.

❷ Suche die Namenwörter heraus.
Ordne sie nach dem Begleiter in eine Tabelle ein.

der / ein	*die / eine*	*das / ein*

Bestimmter und unbestimmter Begleiter

Tom geht in ____ 2. Klasse.
Er hat ____ Hund.
____ Hund heißt Moritz.
Tom wünscht sich ____ Fahrrad zum Geburtstag.
____ Fahrrad soll blau sein.

❸ Schreibe den Text mit den passenden Begleitern ab.

ÜBUNGEN

Sätze bilden

Mona und Max fahren — Ferien.
Oma und Opa gehen — mit den Kindern.
Die Kinder essen — Fahrrad.
Die Eltern spielen — Pizza mit Salami.
Alle mögen — in den Zoo.

1. Schreibe sinnvolle Sätze.

Pirimachtvielespäßeinderschule.
Auchdielehrerinmusslachen.

2. Schreibe die Sätze richtig auf. Achte auf die Namenwörter.

Mein Name ist Anna ich bin acht Jahre alt ich singe
gern darum möchte ich einmal Musikerin werden
ich tanze oft deshalb werde ich vielleicht auch lieber Tänzerin

3. Schreibe die Sätze richtig auf.
   Beginne am Satzanfang groß und
   setze am Satzende einen Punkt.

4. Markiere die Satzanfänge und Punkte farbig.

Haustiere

Alexander liebt Hunde.
Lisa hat Angst vor ihnen.
Sie mag lieber Kaninchen.
Ihr Kaninchen heißt Herbert.
Ihre Freundin hat eine Katze.

5. Lass dir den Text diktieren.

ÜBUNGEN

Wenn ich glücklich bin S. 22

❶ Kannst du erkennen, wie sich Piri fühlt?
Welche Strophe passt hier?

❷ Spiele deinem Banknachbarn eine Strophe vor und lass ihn raten.

Sofie hat einen neuen Pullover S. 25

Oma hat Sofie einen neuen Pullover gestrickt.
Oma hat Sofie einen neuen Pullover geschenkt.

Er ist knallbunt und hat einen Kragen.
Er ist knallrot und hat einen Rollkragen.

Sofie findet den Pullover schön.
Sofie findet den Pullover blöd.

Am nächsten Tag will sie den Pullover nicht mehr anziehen.
Am nächsten Tag will sie den Pullover noch einmal anziehen.

Olli hat so schöne neue Stiefel.
Olli hat so schöne alte Stiefel.

❸ Was ist richtig? Schreibe auf.

Bücher lesen, heißt
wandern gehen in ferne Welten,
aus den Stuben, über die Sterne.
Jean Paul
Ich lese gerne Donald Duck, weil es lustig ist. Judith
Ich lese über Tiere, weil mich das interessiert. Jessica
Ich lese weil sie spannend
Ich lese gerne Kinderkrimis. Franziska
Ich lese, im Fern
Ich lese Bücher, weil ich Millionär werden kann. Manuel
Ich lese Bücher, wenn meine Schwester mich nervt. Nadine
Ich lese, weil ich viel erfahren will. Stefanie
Ich lese Serien, die Folgen draußen

Vom Lesen und Schreiben

Die Bücherei

In der Bücherei gibt es viele Bücher.
Damit man die einzelnen Bücher leichter findet,
sind sie nach Bucharten und dem Abc sortiert.

In welchem Buch
- gibt es viele Bilder?
- steht dein Lieblingsrezept?
- erfährst du etwas über Tiere?
- findest du Märchen?
- kannst du Wörter nachschlagen?

1. Schreibe die Antworten in dein Heft.
2. Welche anderen Bucharten kennst du noch?
3. Stelle weitere Fragen zu Büchern.
   Lass diese von deinem Partner beantworten.

Die Klassenbücherei

Ihr könnt eine Klassenbücherei einrichten.
Um alle Bücher im Überblick zu haben, solltet ihr Lesekarten anlegen und diese nach dem Abc ordnen.

1. Hier sind einige Karten durcheinander geraten.
   Ordne sie nach dem Autor/der Autorin.

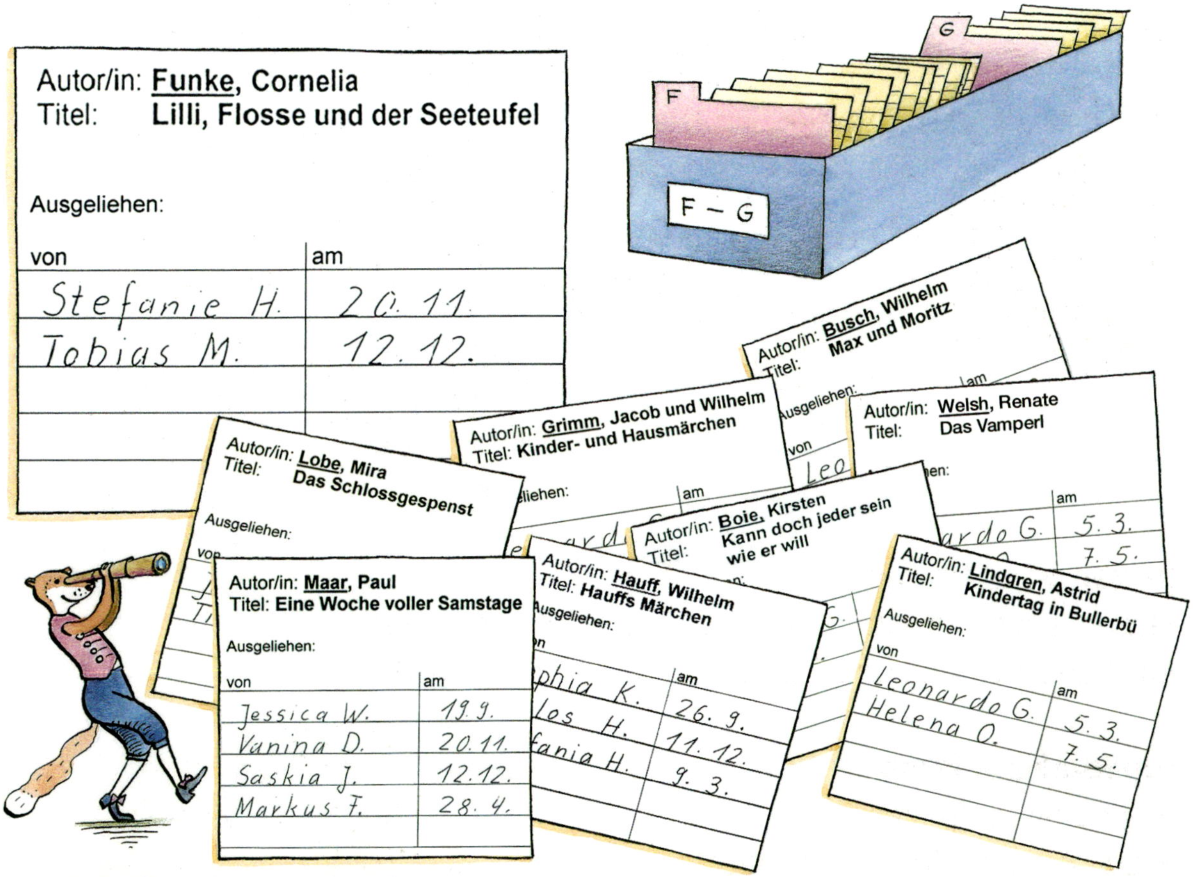

Ordnen nach dem Abc
Wörter mit gleichen Anfangsbuchstaben ordnest du nach dem nächsten Buchstaben.

L**i**ndgren B**o**ie
L**o**be B**u**sch

Besucht eine Bücherei in eurer Nähe. S.54

Meine Bücher

Ich liebe meine Bücher,
jedes Buch ist ein Haus.
Die Leute darin
kommen heraus.

Es kommen zu mir
Bettler, Prinz und Pilot,
Max und Moritz,
Schneeweißchen und Rosenrot.

Josef Guggenmos

1. Sprecht über eure Lieblingsbücher.
2. Schreibe auf, wer aus deinen Büchern herauskommt.

Anjas kleine Schwester hat die Figuren aus ihren Büchern am Computer aufgeschrieben. Doch etwas ist schief gegangen:

3. Welche Buchstaben musst du einsetzen? Schreibe die Wörter vollständig ab.

A B C D **E** F G H **I** J K L M N **O** P Q R S T **U** V W X Y Z
A, E, I, O, U heißen **Selbstlaute.** Alle anderen heißen **Mitlaute.**
Bei ihnen klingen Selbstlaute mit.

4. Schreibe Figuren aus Büchern oder Filmen ohne Selbstlaute auf. Setze an die Stelle der Selbstlaute immer einen Punkt. Lass deinen Nachbarn raten.

Leute kommen

Simsalabim ...

... und Sumsalabum,
jetzt wandeln wir die Wörter um.
Vertauscht man a, e, i, o, u,
dann geht es wie beim Zaubern zu:

Die Hand wird zum Hund,
der Riese zur Rose,
die Jacken jucken,
die Großen grüßen,
Wappen wippen,
Nacken nicken,
Seifen saufen,
Spatz wird Spitz,

der Mond wird zum Mund,
der Hase zur ...,
die Zacken ...,
die Nasen niesen,
Kappen ...,
Stecken ...,
Reifen ...,
Katz wird ...,

und Nuss wird nass, das macht Spaß!

Irmela Brender

1. Schreibe das Gedicht ab.
   Ergänze die fehlenden Wörter.

B●ch	H●hn	P●lz	W●nd
B●ch	H●hn	P●lz	W●nd

2. Setze die fehlenden Selbstlaute ein.
3. Bilde auch solche Wortpaare.
4. Lerne Piris Reim.

Hand – Hände   Hund – Hunde   Wort   Seife   Mund – Münder

Medien

Medien sind Dinge,
mit denen Informationen und
Meinungen vermittelt werden.
Dazu zählen Briefe, Bücher,
Zeitungen, Zeitschriften,
aber auch der Fernseher,
das Radio oder der Computer.
Oft dienen Medien
einfach nur der Unterhaltung.

Namenwörter können in der **Ein**zahl stehen:
der Brief – **ein** Brief,
oder in der **Mehr**zahl:
die Briefe – **mehrere** Briefe.

1. Schreibe den Text über Medien ab. S. 10
2. Unterstreiche alle Medien.
3. Ordne sie nach Einzahl oder Mehrzahl in eine Tabelle.

Einzahl	*Mehrzahl*
...	*die Briefe*

4. Bilde die fehlende Einzahl
oder Mehrzahl der Namenwörter.
Ergänze sie in der Tabelle.

Brief zählen Computer

Wenn es draußen regnet

Kim mag Geschichten über Riesen.
Ihr Bruder Max liest viele Sportzeitungen.
Mama und Papa schauen oft Filme über Tiere an.
Mit Opa macht es Spaß, am Computer zu spielen.
Oma liebt es, Briefe zu schreiben.

1. Schreibe den Text ab.
2. Markiere schwierige Stellen in den Wörtern farbig.
3. Suche alle Namenwörter in der Mehrzahl aus dem Text.
   Bilde die Einzahl und schreibe sie mit Begleiter auf:
   die Geschichten – die Geschichte, …

Partner-Stopp-Diktat
1. Lest beide den Text.
2. Ein Kind diktiert und liest mit.
3. Das andere Kind schreibt.
4. Bei einem Fehler ruft das mitlesende Kind: „Stopp!".
5. Der Fehler wird berichtigt.
6. Nun kann gewechselt werden.

4. Übe den Text mit einem anderen Kind als Partner-Stopp-Diktat.

Tier lieben Sport

Sieben liebe Riesen

Sieben liebe Riesen
liegen auf den Wiesen.
Einer trinkt ein großes Bier.
Einer schreibt auf ein Papier.
Einer fängt sich grad vier Fliegen.
Einer liest, lässt's Buch dann liegen.
Drei rufen laut: „Wir spielen hier!
Sagt doch mal, wo bleibt ihr vier?"

❶ Schreibe die Wörter mit ie heraus.

❷ Sprich die Wörter deutlich. Was fällt dir auf?

❸ Markiere ie in den Wörtern.

Hörst du ein langes i, musst du meist ie schreiben: Fliege, Papier.

❹ Finde Reimwörter zu diesen Wörtern.
Schreibe so:

Tier – B…	*Riese – …*	*liegen – …*
hier – v…	*Liege – …*	*lieben – …*

❺ Schreibe aus der Wörterliste fünf weitere Wörter mit ie heraus.
Markiere ie.

sieben vier lieb liegen – liegt Papier
Wiese bleiben – bleibt fliegen – fliegt

Anja auf dem Bauernhof

Anja ist mit ihrem Vater auf einem Bauernhof jetzt liegt sie auf einer Bank um sie herum summen die Bienen ein Käfer krabbelt auf ihren Arm plötzlich hört Anja die Tiere vom Hof sie springt auf und läuft zurück am Abend schreibt sie einen Brief an Oma und Opa

1. Schreibe die sieben Sätze richtig auf.
2. Markiere die Satzanfänge und die Satzzeichen farbig.
3. Warum läuft Anja zurück zum Bauernhof, als sie die Tiere hört? Was vermutest du? Begründe.

So kannst du einen Brief schreiben
Beginne mit einer Anrede:
Liebe Oma, lieber Opa,
Danach schreibst du, was du mitteilen willst.
Darunter schreibst du einen Gruß und deinen Namen:
Liebe Grüße, eure Anja.

4. Wie könnte Anjas Brief aussehen? Schreibe ihn auf. Die Bilder helfen dir.

Einen weiteren Brief findest du in „Post für den Tiger“. S. 45

Bank Biene Käfer Arm hören Abend – Abende

Ein Brief von Anja

Liebe Oma, lieber Opa,

ich bin mit Papa auf einem Bauernhof.
Hier gibt es viele Kühe. Ich darf sie füttern.
In der Nähe ist ein großer Teich.
Dort haben wir viele Enten, Gänse,
Schwäne und andere Vögel beobachtet.
Auch Frösche haben wir gesehen.

Liebe Grüße,
eure Anja

1. Warst du auch schon auf einem Bauernhof?
Erzähle darüber.

2. Anja hat in ihrem Brief viele Namenwörter in der Mehrzahl verwendet.
Schreibe sie zusammen mit der Einzahl in dein Heft.
Was fällt dir bei a, o, u auf?

Bei manchen Namenwörtern wird in der Mehrzahl aus einem Selbstlaut ein **Umlaut**: a – **ä,** o – **ö,** u – **ü.**

Dorf | Fluss | Vogel | Kuh | Hahn | Kopf | Ast | Garten

3. Schreibe die Namenwörter mit Begleiter in der Einzahl
und in der Mehrzahl auf: *das Dorf – die Dörfer, …*

Ente   Vogel   Kuh – Kühe   Kopf   Ast – Äste   Garten

Oma antwortet

1. An wen könntest du schreiben? Wenn du jemandem schreibst, achte auf die Anrede und deine Unterschrift.

2. Bastelt einen Klassenbriefkasten und schreibt euch Briefe.

Manchmal passt ein Wort nicht mehr auf die Zeile. Dann musst du es trennen.

Wörter haben **Silben.** Wörter mit mehreren Silben kannst du trennen. In jeder Silbe steht mindestens ein Selbstlaut oder Umlaut: le - sen.

Enten	Schwäne	Gänse	Frösche
Kühe	Vögel	Bauernhof	gesehen

3. Kannst du diese Wörter trennen?
Schreibe so: *die En - ten, …*

Der Brief

Es kommt von mir,
es geht zu dir.
Es ist kein Mensch,
es ist kein Tier.
Es ist nur dies:
ein Stück Papier.

Ein Stück Papier,
jedoch es spricht.
Es bringt von mir
dir den Bericht:
Ich hab dich lieb,
vergiss mich nicht.

Josef Guggenmos

- Denke dir Bewegungen aus, die zu dem Text passen.
- Lerne das Gedicht auswendig.

So kannst du Texte auswendig lernen:

1. Lies den Text mehrmals laut. Versuche, betont zu lesen.
2. Schließe die Augen.
   Kannst du die ersten Zeilen schon auswendig?
3. Lies so oft, bis du den ganzen Text auswendig kannst.

Post für den Tiger

Einmal, als der kleine Bär
wieder zum Fluss angeln ging,
sagte der kleine Tiger:
„Immer, wenn du weg bist,
bin ich so einsam.
Schreib mir doch mal
einen Brief aus der Ferne,
damit ich mich freue, ja!“

„Ist gut“, sagte der kleine Bär
und nahm gleich blaue Tinte
in einer Flasche mit,
eine Kanarienvogelfeder,
denn damit kann man gut schreiben.
Und Briefpapier und einen
Umschlag zum Verkleben.

Unten am Fluss hängte er zuerst
einen Wurm an den Haken und
dann die Angel in das Wasser.
Dann nahm er die Feder
und schrieb mit der Tinte
auf das Papier einen Brief:

„Lieber Tiger!
Teile dir mit, dass es mir gut geht.
Wie geht es dir? Schäle inzwischen
die Zwiebeln und koch Kartoffeln,
denn es gibt vielleicht Fisch.
Es küsst dich dein Freund Bär …“

Janosch (gekürzt)

- Wie könnten sich die beiden Freunde noch verständigen?

Xaveria Rotpelz, die Bücherkatze

Die Bücherkatze Xaveria Rotpelz
verbringt die meiste Zeit des Winters
in einer gut geheizten Dachkammer.
Dort liegt sie in einer Hängematte und liest.

Die fünf Mäuse,
die auch auf dem Dachboden wohnen,
haben nichts zu befürchten.
Hier oben ist ewiger Friede –
hier wird gelesen!
Sogar die Fliegen und die Motten
lesen in dieser Dachkammer
winzige Insektenromane.
Und die Spinne, die im Gebälk wohnt,
hat schon lange
kein Netz mehr gesponnen.
Sie hat keine Zeit dazu,
sie lernt gerade das Abc.

Ganz still ist es
auf diesem Dachboden.
Man könnte meinen,
hier ist nichts los,
hier langweilt sich jeder.
Weit gefehlt!
Die Stille knistert
nur so vor Spannung.

Die Leser sind auf
fantastischer Reise.
Sie sehen Gegenden,
in die man mit keinem Schiff kommt.
Sie erleben gefährliche Abenteuer
aller Art.
Sie sehen Länder,
die es gar nicht gibt!
Überallhin kommen sie,
es gibt nichts,
das sie aufhalten kann.
Und dabei haben sie es
gleichzeitig urgemütlich.
Bücherlesen ist doch
echte Zauberei …

Erwin Moser

- Hast du auch solch einen Platz zum Lesen?
- Was hast du beim Lesen schon alles erlebt?

Bücherduft

Einen Duft gibt es, der lieblicher ist als der
von Walderdbeeren und frisch gebackenem Brot,
möchtest du den nicht riechen, Albin?
Mach es wie ich, nimm dein neues Märchenbuch,
schlage es auf und bohre die Nase zwischen
die Seiten, rieche daran, ja rieche, sage ich …,
denn in dem Duft der Druckerschwärze
wohnt das grenzenloseste aller Abenteuer.
Am Geruch schon spürst du, wie herrlich es wird,
dieses Buch zu lesen.

Astrid Lindgren

Ein Tiger will lesen

Toni sieht aus wie Toni. Aber nur von außen. Innen fletscht er die Zähne. Innen ist Toni ein Tiger. Wegen Niklas! Der sitzt im Wohnzimmer auf dem Sofa und liest. Niklas ist Tonis großer Bruder. Er liest ein Buch, das Toni gehört! Er hat nicht gefragt, ob er das darf. So macht er das immer. Er nimmt sich einfach, was er von Tonis Sachen gebrauchen kann. Nie fragt er Toni. Toni schleicht sich heran und springt mit einem Satz – rums, krach! – auf das Sofa. Niklas schaut nicht einmal auf. „Was willst du?“, fragt er unfreundlich. „Nichts“, antwortet Toni und streckt sich lang aus. Ein Tiger braucht Platz! Niklas rückt ein Stück weg und zischt: „Hau ab!“ Toni wetzt sich die Krallen. „Wieso soll ich abhauen?“, fragt er. „Ist das dein Sofa?“ Niklas stöhnt. „Frag nicht so blöd. Du störst!“ Dabei bewegt er seine Hand, als wolle er eine Fliege verscheuchen. Er hat keine Ahnung, dass ein Tiger neben ihm sitzt.

Tonis Augen funkeln gefährlich.
„Ich störe dich? Wobei denn?“
Niklas explodiert.
„Das siehst du doch. Ich lese. Hau endlich ab!“
Toni schleckt mit seiner Riesenzunge über sein Maul. Und mit seinen Tatzen reißt er Niklas das Buch aus der Hand.
„Das ist mein Buch. Ich lese jetzt. Und du haust ab. Du störst!“
Niklas guckt ihn verdattert an.
„Giftzwerg“, sagt er und geht.

Anne Steinwart

- Was hat Toni getan, um sein Buch wiederzubekommen?
- Ihr könnt die Geschichte auch nachspielen. Vielleicht findet ihr einen anderen Schluss.

Eine Bildergeschichte

- Erzähle zu den Bildern eine Geschichte.
- Wie könnte die Überschrift heißen?
- Du kannst die Geschichte auch aufschreiben. Diese Wörter können dir helfen: Bett – lesen – Geist – Buch – fallen.

Lilli, Flosse und der Seeteufel

Martin ist acht Jahre alt und er liest nicht gern.
Dann bekommt er zum Geburtstag auch noch drei Bücher.

Heute ist Sonntag und ihm ist total langweilig.

Martin schaut in sein Regal.
Er liest: „Lilli, Flosse und der Seeteufel".

Er nimmt das Buch und liest auf der Rückseite den Text.
Dieser Klappentext verrät ihm schon etwas über den Inhalt.

Die Nixlinge Lilli und Flosse sind ganz schön mutig.
Zweibeiner? Riesenkraken? Alles nur
Angstmachgeschichten der Erwachsenen – glauben sie.
Doch dann begegnet ihnen das U-Boot SEETEUFEL.
Und in dem sitzen die Schnorchels, die unbedingt einen
Nixling für ihr Aquarium fangen wollen!
Ein spannendes Unterwasserabenteuer beginnt ...

„Oh", denkt Martin, „was werden Lilli und Flosse alles erleben?"

Er beginnt ganz aufgeregt zu lesen
und da wird es auch schon spannend:

An einem wunderschönen Morgen, ich glaube, es war der 1. Juli, klingelte es an der Tür der Schnorchel-Villa. Und wenig später führte das Dienstmädchen einen großen, dünnen Mann ins Esszimmer. Herr und Frau Schnorchel waren nämlich gerade beim Frühstück.
„Herr Ignaz Lauschohr“, verkündete das Dienstmädchen.
„Der berühmteste Unterwasser-Detektiv der Welt!“, fügte Herr Lauschohr hinzu und verbeugte sich.
Herr Schnorchel verbrühte sich mit seinem Kaffee und Frau Schnorchel ließ ihr Messer in die Marmelade fallen.
„Oh, Sie haben doch nicht etwa – ?“, rief sie.
„Doch, das habe ich, in der Tat“, antwortete Herr Lauschohr triumphierend. „Ich habe Nixen gefunden.“
„Wo?“, riefen die Schnorchels wie aus einem Munde …

„M-a-r-t-i-n“, ruft Mama aus dem Flur,
„Tom ist am Telefon. Willst du dich mit ihm treffen?“
Martin überlegt kurz. Eigentlich will er wissen,
wie die Geschichte weitergeht.

- Wie wird Martin sich entscheiden?
- Wie würdest du dich entscheiden?

Das Buch „Lilli, Flosse und der Seeteufel“ schrieb Cornelia Funke.
Sie ist die Autorin.

Cornelia Funke wurde 1958 geboren. Sie lebte mit ihrer Familie in Hamburg, bevor sie im Jahr 2005 nach Los Angeles, Kalifornien zog. Schon früh hatte sie Spaß am Zeichnen. Von Beruf ist sie Erzieherin. Zunächst arbeitete sie auf einem Bauspielplatz in Hamburg. Gleichzeitig studierte sie Buchillustration.
Ihre meisten Geschichten entstehen aus Erinnerungen. Daraus entwickeln sich dann schnell erste Ideen. Die Figuren aus ihren Büchern sind zwar erfunden, Cornelia Funke mag sie jedoch alle.

Cornelia Funke hat bereits über 50 Bücher geschrieben.
Einige sind auch als Hörspiel erschienen.

Dein Lesetipp

- Gefällt dir ein Buch aus eurer Klassenbücherei besonders gut?
  Stelle es deiner Klasse vor.
- Schreibe dazu einen Lesetipp. Drei Sätze genügen.
  Martin macht es so:

Lesetipp von: Martin

Titel des Buches: Lilli, Flosse und der Seeteufel

Autor/in: Cornelia Funke

Das passiert in meinem Buch:
Lilli und Flosse sind Freunde. Sie leben als Nixlinge unter Wasser und sollen gefangen werden.

Es gefällt mir, weil Lilli ihrem Freund Flosse hilft.

- Ordnet die Lesetipps in die Lesekartei eurer Klassenbücherei ein.
- Klebt die Lesetipps auf die Rückseite der entsprechenden Lesekarte.

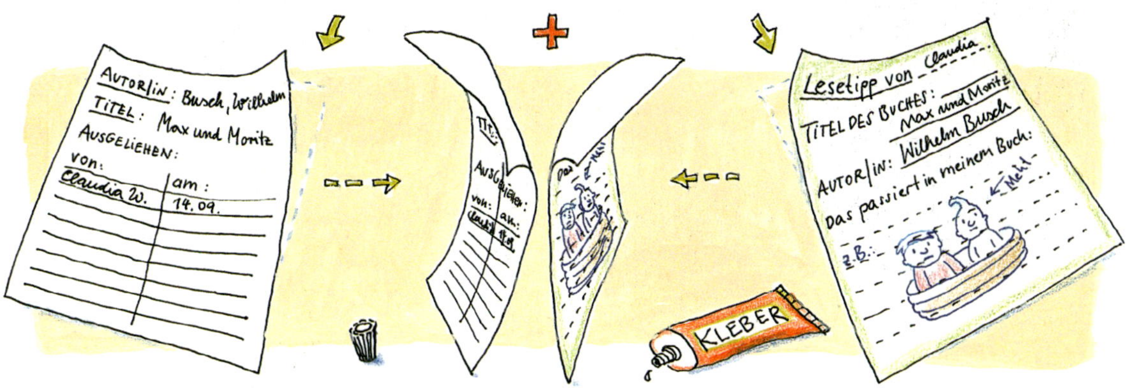

- Ihr könnt mit den Lesetipps
  und euren Büchern eine Ausstellung gestalten.

Rund um die Bibliothek

Eine Bibliothek oder Bücherei ist ein Ort, an dem Bücher gesammelt und ausgestellt werden. Dort kannst du Bücher lesen und ausleihen. Du findest hier auch Comics, Zeitschriften, Videos, DVDs, Musik- und Hörspiel-CDs.

- Wo ist in deiner Nähe eine Bibliothek?

Wenn du etwas aus der Bücherei mit nach Hause nehmen willst, brauchst du einen Leseausweis. So weiß man, welche Bücher du ausgeliehen hast und wann du sie zurückgeben musst. Früher wurde das alles mit der Hand eingetragen. Heute erfasst das der Computer.

- Plant den Besuch einer Bibliothek.
- Überlegt Fragen, die ihr der Bibliothekarin stellen könnt. Sammelt sie.
- Welche Bücher oder CDs würdest du dir gerne ausleihen?

Jedes Buch, das neu ankommt, erhält eine Nummer und wird in einen Katalog eingetragen. Danach ordnet die Bibliothekarin das Buch in das richtige Regal. Sie hilft dir, wenn du ein Buch suchst. Für Schulklassen bereitet sie Führungen vor.

Die Leser kommen jeden Tag mit vielen Fragen und Wünschen zur Bibliothekarin:
Sie suchen ein bestimmtes Buch, sie wollen die ausgeliehenen Sachen noch länger behalten …
Aber auch die Bibliothekarin hat einige Bitten an die Nutzer.

- Welche Bitten könnten das sein?

Wörter nach dem Abc ordnen und nachschlagen

Musik	Oma	Schwester	Geburtstag	Blume	Lied	Wiesel

1. Schreibe die Namenwörter mit Begleiter nach dem Abc geordnet auf.
2. Vergleiche mit der Wörterliste.

Familie	Frau	Fuß	Finger	Fliege	Februar

3. Schreibe die Namenwörter mit Begleiter nach dem Abc geordnet auf.
4. Vergleiche mit der Wörterliste.

5. Finde zu den Bildern Wörter. Schreibe sie nach dem Abc geordnet auf.
6. Vergleiche mit der Wörterliste.

Wörter finden

Für dieses Spiel brauchst du einen Partner, zwei gleiche Wörterbücher oder die Wörterliste und einen Würfel.
Einer sagt das Abc leise auf, bis der andere „Stopp“ ruft.
Der Buchstabe wird laut gesagt. Jetzt wird gewürfelt.
Die Zahl zeigt an, das wievielte Wort zu diesem Buchstaben im Wörterbuch oder der Wörterliste gefunden werden muss.
Gewonnen hat derjenige, der achtmal ein Wort zuerst gefunden hat.

7. Spielt das Spiel.

ÜBUNGEN

Einzahl und Mehrzahl

Hexe Trixi sitzt auf einer  .

Sie hat einen gelben  und einen grünen  an.

Ihr Haus ist alt und das 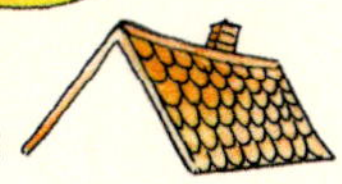 ist schief.

Trixis Lieblingstier ist ein  .

Er steht am Bach und hat einen  im 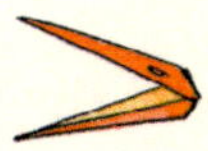 .

1. Lies die Geschichte und setze für die Bilder Namenwörter ein.
2. Schlage die Namenwörter in der Wörterliste nach.
3. Schreibe die Namenwörter mit Begleiter in der Einzahl und der Mehrzahl auf.
4. Unterstreiche die Veränderungen.
5. Schreibe den Text mit den Namenwörtern ab.

Schwein	Pferd	Spinne	Affe	Vogel	Katze	
Hund	Ziege	Gans	Schaf	Lamm	Huhn	Kuh

6. Schreibe die Tiere mit Begleiter in der Einzahl und Mehrzahl auf.
7. Unterstreiche die Veränderungen.
8. Welche Tiere leben im Zoo? Schreibe sie in der Einzahl und der Mehrzahl auf.

ÜBUNGEN

Selbstlaute und Umlaute

Der Wand weht. Die Kander wollen ihre Drichen steigen lassen.
Auf einmal ist der Hammel ganz schworz.
Dunner grollt und Blatze zucken. Schode!

1. Lies den Text.
2. Lies den Text mit den richtigen Selbstlauten.
3. Schreibe den Text richtig auf.

B•ll	H•nd	G•ld	B•ld	M•nt•g	T•sch	D•ch	St•rn

4. Schreibe die Namenwörter mit den Selbstlauten auf.

M•tt•r k•cht •pf•lk•mp•tt. D•r Dr•ch•n fl••gt h•ch.

5. Setze die fehlenden Selbstlaute ein. Schreibe die Sätze richtig auf.

Vogel	Apfel	Topf	Nacht	Rad	Kopf
Räder	Nächte	Äpfel	Töpfe	Köpfe	Vögel

6. Welche Namenwörter gehören zusammen?
   Schreibe so: *der Apfel – die Äpfel, ...*

7. Unterstreiche die Veränderungen.

M•dchen	K•fer	L•ffel	Sch•fer	W•rfel

8. Welche Umlaute fehlen?
9. Schreibe die Namenwörter mit Begleiter untereinander auf.
10. Bilde die Mehrzahl und schreibe sie neben die Einzahl.
    Was fällt dir auf?

ÜBUNGEN

Wörter mit ie

Auf der Wiese liegt ein Riese,
auf seinem Bauch spielt eine Biene.
Riese schielt mit böser Miene
auf die Biene auf dem Bauch.
Biene schläft ein, Riese auch.

1. Schreibe das Gedicht ab.
2. Unterstreiche alle Wörter mit ie.
   Markiere das ie farbig.

3. Schreibe die Wörter zu den Bildern auf. Kontrolliere die Rechtschreibung mit einem Wörterbuch.

Piriliestgernbriefeundbücher.
Aberlieberspieltdaswieselmitkindern.

4. Schreibe die Sätze richtig auf. Achte auf die Großschreibung.

ÜBUNGEN

Wörter mit ie

l●b	l●st	B●rne	fl●gt	F●nger
T●r	St●rn	w●ld	W●se	v●r
sp●len	w●ll	n●	s●ngen	Br●f
Pap●r	l●gt	B●ne	M●ttwoch	s●ben

❶ Entscheide: kurzes oder langes i.

❷ Schreibe alle Wörter mit ie in dein Heft.

Wörter zusammensetzen und trennen

Com-	-men-	Re-	-buch	Klas-	Ge-	-pu-	Ta-	
-stift	-topf	Blei-	Blu-	-dicht	-fel	-ter	-sen-	-gal

❸ Setze die Silben zu sieben Namenwörtern zusammen.
Schreibe so: *der Computer, …*

Pausenbrotdose
Schulfüllerpatrone
Lesebuchumschlag
Schulklingelknopfanlage

❹ Schreibe die Namenwörter mit Trennungsstrichen auf:
der Le-se-buch-um-schlag, …

❺ Erfinde selbst solche Wörter. Schreibe sie mit Trennungsstrichen auf.

ÜBUNGEN

Xaveria Rotpelz S. 46

Xaveria liegt im Garten in der Hängematte und liest. K
Xaveria liegt auf dem Dachboden in der Hängematte und liest. L

Dort ist es ganz still. E
Dort ist es ganz laut. P

Die Leser träumen fantastische Träume. A
Die Leser sind auf fantastischer Reise. S

Sie erleben schöne Abenteuer aller Art. I
Sie erleben gefährliche Abenteuer aller Art. E

Bücher lesen ist echte Zauberei. N
Bücher lesen ist echte Quälerei. M

1. Welche Sätze sind richtig? Schreibe die dazugehörigen Buchstaben auf. Sie ergeben ein Lösungswort.

Ein Tiger will lesen S. 48

Toni ist ein *Löwe/Tiger*.

Niklas sitzt *im Sessel/auf dem Sofa*
und liest *ein Buch/einen Comic*.

Er ist Tonis *kleiner/großer* Bruder.

Toni *wetzt/schleckt* sich die Krallen.

Dann *reißt/nimmt* er Niklas
das Buch/den Comic aus der Hand.

Niklas sagt verdattert:
„Giftzwerg/Giftschlange“, und geht.

2. Schreibe den Text mit den zutreffenden Wörtern ab.

Ich träume davon, dass ich Frisörin bin, weil es zu mir passt, und dass ich heirate. Lisa Patris
Mein Traum ist es, eine Schwester zu bekommen, weil ich dann nicht mehr alleine bin. Sophie
Mein Traum ist es, Tierärztin zu werden, weil man dann den Tieren helfen kann. Anja
Ich träume davon, Profifußballer zu werden. Wenn ich Tore schieße, verdiene ich viel Geld. Davon versorge ich meine Familie. Mehmed
Ich träume davon, in einem goldenen Schloss zu wohnen. Michi
Ich träume davon, Polizistin zu sein. Elisabeth
Ich möchte einmal ein eigenes Geschäft haben. Katharina
Ich wünsche mir, dass ich später viele Freunde habe. Leon
Mein Traum ist es zu fliegen, dann kann ich das Universum sehen und durch den Himmel fliegen. Dina
Ich träume davon, dass ich Sängerin werde, weil ich für andere singen möchte. Merve

Wünsche und Träume

Text und Melodie: Monika Erhardt/Reinhard Lakomy

Traumzauberbaum

Die Klasse 2c hat einen Traumzauberbaum gebastelt.
Das sind die Blätter von Yannik, Leon und Dina.

1. Vergleiche die Träume. Was sagst du dazu?
2. Welchen Traum hast du?
3. Schreibe deinen Traum auf.
4. Gestaltet in eurer Klasse auch einen Traumzauberbaum.

Melanie hat ihren Traum mit dem Computer aufgeschrieben.
Leider hat sie die Leertaste nicht gedrückt.

ICHTRÄUMEDAVON,WISSENSCHAFTLERINZUSEIN.
ICHMÖCHTEDINOSAURIERKNOCHENAUSGRABEN.
DASISTMEINLIEBSTERWUNSCH.
MELANIE

5 Kannst du Melanies Text lesen? Probiere es aus.
Die schwierigen Wörter heißen:

Wissenschaftlerin	ausgraben	Dinosaurierknochen

Ich träume davon, Popstar
zu werden das wäre toll man
ist im Fernsehen ich
verdiene dann viel Geld
Martin

6 Was hat Martin beim Schreiben nicht beachtet?
Schreibe den Text richtig auf.

Ich möchte ärztin werden, weil ich
dann menschen helfen kann.
Merve

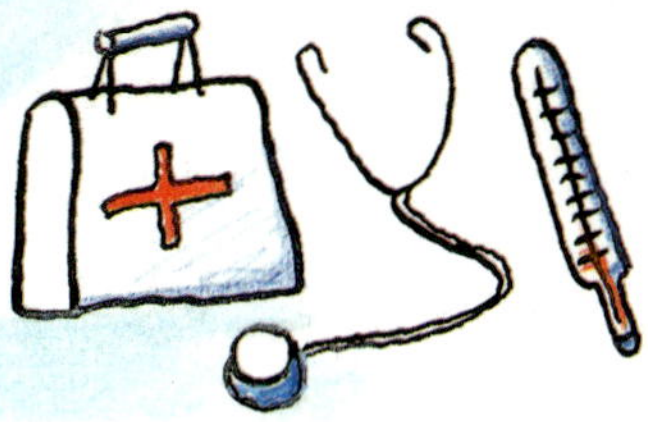

7 Auch Merve hat ihren Text am Computer geschrieben.
Warum sind zwei Wörter rot markiert?
Schreibe den Text richtig auf.

Tagträume

Anja schlägt die Augen auf und freut sich.
Sie liegt in einem Himmelbett.
Ein Diener bringt das Frühstück.
Da dringt von fern eine laute Stimme zu ihr:
„Anja, bist du schon wach? Du musst aufstehen!“
Anja krabbelt aus ihrem warmen Bett.
Später sitzt sie still am Frühstückstisch.
„Wovon träumst du schon wieder?“, fragt Mama.
„Kannst du dich nicht ein bisschen beeilen?
Du kommst noch zu spät zur Schule!
Hast du deine Tasche gepackt?“
Aber Anja ist weit weg.

Die Mutter stellt Anja viele Fragen.

Wenn du etwas wissen willst, stellst du Fragen. Dazu verwendest du **Fragesätze.** Am Satzanfang schreibst du groß.
Am Ende eines Fragesatzes steht immer ein Fragezeichen.

1. Schreibe die Fragesätze aus dem Text ab.
2. Markiere die Satzanfänge und Fragezeichen farbig.
3. Was möchtest du über Anjas Traum wissen? Finde Fragen.

bringen – bringt laut sich freuen warm weit

In der Schule will die Zeit nicht vergehen
Die Lehrerin redet und redet und redet
Wann klingelt es endlich zur Pause
Anja schaut aus dem Fenster

Da sagt die Lehrerin leise:
„Anja, träumst du
Was habe ich eben gesagt “

Anja zuckt zusammen
Die Lehrerin muss lachen:
„Erzählst du uns deinen Traum “

4 Lest den Text betont vor.
Was fällt dir auf?

5 Schreibe den Text ab.
Achte auf die richtigen Satzzeichen.

6 Hast du auch schon einmal in der Schule geträumt?
Erzähle deinem Partner von deinem Schultraum.

Zeit Fenster leise sagen – sagt

Nachtträume

Es ist Nacht. Alles ist still.
Holger schläft/träumt.

Im Traum wird sein Teddy lebendig.
Er klettert/springt aus dem Bett.

Er tastet sich/hüpft zu den anderen Stofftieren.

Zusammen schleichen/rennen sie aus dem Zimmer.

1. Welche Wörter passen besser zu den Bildern? Begründe.
2. Entscheide dich immer für eines der beiden Wörter.
   Schreibe dann den Text ab.
3. Wie könnte die Geschichte weitergehen?

Im Text „Schlumischubu“ wird über Lenas Ängste in der Nacht erzählt. S. 80

still   Zimmer   Teddy   Nacht – Nächte

Elisabeth möchte die Geschichte so weitererzählen:

Leise laufen die Stofftiere in die Küche. Sie haben großen Hunger! Jeder findet etwas: Teddy schleckt vom Honig, Hase knabbert eine Karotte, Katze trinkt von der Milch und Igel isst einen Apfel. Lecker! Da hören sie plötzlich ein Geräusch. Schnell rennen sie zurück in Fabians Zimmer. Niemand hat etwas gemerkt. Am nächsten Morgen wundert sich die Mutter über die Unordnung in der Küche.

Zu Hause gibt ihr die Mutter dazu Tipps.

So erzählst du eine Geschichte:
1. Schaue deine Zuhörer an.
2. Betone wichtige Wörter.
3. Setze deine Stimme ein. (laut, leise)
4. Sprich mit Gesicht und Körper.

❶ Was meint die Mutter mit ihren Tipps?

❷ Erzählt euch Elisabeths Geschichte. Beachtet dabei die Erzähltipps.

Jäger der Nacht

Am Abend, wenn die meisten Tiere schlafen gehen, erwacht die Eule.
Sie hat sehr gute Augen und ein feines Gehör.
Leise und ohne sich zu bewegen sitzt sie auf Ästen und wartet auf ihre Beute.
Die Eule jagt kleine Tiere.
Heute hat sie eine Maus erwischt.

1. Berichte deinem Partner, was du über die Eule erfahren hast.

Au/au, Ei/ei und **Eu/eu** heißen **Doppellaute.**
Sie bestehen aus zwei Selbstlauten.

2. Findest du Wörter mit Doppellauten im Text? Zeichne eine Tabelle in dein Heft und trage die Wörter ein.

Au/au	*Ei/ei*	*Eu/eu*

3. Markiere die Doppellaute farbig.

4. Suche in der Wörterliste weitere Wörter mit Doppellauten. Schreibe sie auf.

Eule Auge fein heute bewegen – bewegt warten

Hausspruch

In meinem Haus,
da wohne ich,
da schlafe ich,
da esse ich.
Und wenn du willst,
dann öffne ich
die Tür
und lass dich ein.

In meinem Haus,
da lache ich,
da weine ich,
da träume ich.
Und wenn ich will,
dann schließe ich
die Tür
und bin allein.

Gina Ruck-Pauquèt

1. Vergleiche die beiden Strophen des Gedichts.
   Was fällt dir auf?
2. Schreibe das Gedicht ab.
3. Was tut der Bewohner alles in seinem Haus?
   Unterstreiche in deinem Heft.

Tunwörter drücken aus,
was Menschen, Tiere, Pflanzen und Dinge tun.
Tunwörter schreibst du klein.

4. Was tust du zu Hause am liebsten?
   Spiele es den anderen Kindern vor. Erraten sie es?

wohnen schlafen – schläft essen – isst

In der Schule

Alle warten auf die Lehrerin.
Nur Mehmed nicht, er träumt.
„Wovon träumst du?“, fragt Leon.
„Ich träume davon, dass das Diktat ausfällt“, sagt Mehmed.
„Davon träumen wir wohl alle“, lacht Leon.

1. Das Tunwort „träumen“ kommt im Text mehrmals vor. Was fällt dir daran auf?

2. Schreibe so: *ich träume*
   du träumst
   er träumt
   wir träumen

3. Unterstreiche, was bei den Tunwörtern gleich bleibt.

Tunwörter können sich verändern.
Was gleich bleibt, heißt **Wortstamm.**
Was sich verändert, heißt **Endung.**
Die Endung richtet sich danach, wer etwas tut. In der Wörterliste stehen die Tunwörter in der **Grundform,** z. B. träumen.

4. Zeichne eine Tabelle. Ergänze die Tunwörter.

ich	*du*	*er / sie / es*	*wir*
ich sage *ich spiele* *ich singe*	*du …*	*er …*	*wir …*

5. Markiere die Endungen farbig.

Kinderwünsche

Diese Wünsche hat Sophie:

Ich ___ den ganzen Tag draußen.

Mein Bruder und ich ___ ein Baumhaus.

Meine Mutter ___ jeden Tag Spagetti.

Wir ___ in der neuen Turnhalle.

bauen	kochen	spielen	turnen

1. Welche Tunwörter gehören in die Lücken?
   Schreibe den Text mit den passenden Tunwörtern ab.
2. Unterstreiche die Tunwörter.
4. Welche Wünsche hast du?
   Schreibe sie auf.

Wer tut was?

1 = ich
2 = du
3 = er
4 = wir
5 = Max und Anna
6 = Piri

turnen	reden	spielen
bauen	üben	singen

1. Wähle ein Tunwort aus.
2. Würfle und suche deine Zahl in der Liste.
3. Schreibe die richtige Form auf:
   z. B.: *spielen* ⚄ *du spielst*

Spagetti reden turnen bauen üben – übt

Der Elefant im Apfelbaum

Der Elefant hat einen **Traum:** Er sitzt auf einem Apfelbaum. Da bricht ganz plötzlich dieser **Ast** und fällt zu Boden von der Last. Der Elefant erwacht im **Sand,** reibt sich den Po und geht zum Strand.

1. Suche die Reimwörter zu den dick gedruckten Wörtern.
2. Schreibe das Gedicht ab.
   Beginne nach jedem Reimwort eine neue Zeile.

Traum	Ast	Hand	Keule	Gast	Raum
Sand	Beule	Mast	Wand	Baum	Eule

3. Jeweils drei Wörter reimen sich. Schreibe sie untereinander auf.
4. Unterstreiche alle Buchstaben, die bei den Reimwörtern gleich sind.

Wovon Tiere noch träumen, erfährst du im Leseteil. S. 78

fallen – fällt   Apfel – Äpfel   Sand   Boden

Hier reimt sich was

Was kleine Kinder träumen,
hängt leider nicht an ___ .

Sie träumen in der dunklen Nacht,
dass Papa sie ganz doll ___ .

Sie möchten gerne fliegen
und niemals Ärger ___ .

Sie träumen vom Erwachsensein.
Alles zu dürfen wäre ___ .

fein	kriegen	Bäumen	bewacht

1. Schreibe das Gedicht mit den richtigen Reimwörtern ab.

2. Erkennst du die Reimwörter?
   Schreibe sie so auf: *das Kraut – die Kräuter*
   die Braut – die …

3. Vergleiche Einzahl und Mehrzahl. Was fällt dir auf?
4. Markiere farbig, was sich geändert hat.

Bei manchen Namenwörtern wird **au** in der Mehrzahl zu **äu.**

Strauch – Sträucher Kraut – Kräuter Kind – Kinder

Das freche Wiesel

Am Abend liegt Michi im Bett.

Das L landet auf Michis Po.

Das Wiesel bewirft Michi mit Buchstaben. W – I – E – S – E – L.

Michi fällt aus dem Bett, weil er keinen Platz mehr hat.

Mit seinem Wiesel im Arm schläft Michi ein.

Plötzlich wird das Wiesel immer größer.

1. Welche Sätze passen zu den Bildern? Schreibe sie in der richtigen Reihenfolge auf.
2. Denke dir einen Schluss aus.

Fragen in der Nacht

Es ist mitten in der Nacht.
Mutti kommt ins Zimmer.
Michi sitzt auf seinem Bett.
„Was ist denn los?
Warum bist du aufgewacht?
Wer hat dir etwas getan?
Wo liegt denn dein Wiesel?“
So viele Fragen kann Michi
gar nicht auf einmal
beantworten.

Viele Fragen beginnen mit Fragewörtern:
was wer warum wie wo wann
Weil sie alle mit w beginnen, heißen sie auch W-Fragen.

1. Schreibe ab, was Michis Mutti fragt.
2. Unterstreiche die Fragewörter in deinem Heft.

Michi will seinen Traum erzählen,
aber er kann sich nicht mehr genau erinnern.
Darum fragt seine Mutter weiter.

▒▒▒ bist du aus dem Bett gefallen?
▒▒▒ hat die Buchstaben geworfen?
▒▒▒ geht es dir jetzt?
▒▒▒ tut dir weh?
▒▒▒ bist du aufgewacht?

| Was? | Wer? | Wie? |
| Warum? | Wann? | |

3. Schreibe die Fragen mit den richtigen Fragewörtern ab.
4. Finde mit deinem Partner passende Antworten zu den Fragen.

wo was wer warum wann wie

Wovon träumt der Igel

Wovon träumt der Igel mit Geschnauf?
Von einem Hundertmeterlauf.
Wovon träumt der Rabe bei Eis und Schnee?
Von warmen Pantoffeln an jedem Zeh.
Wovon träumt das Huhn bei Wind und Sturm?
Von einem fetten Regenwurm.
Wovon träumt der Fuchs mit arger List?
Dass jeder Zaun voll Löcher ist.
Wovon träumt die Maus in ihrem Versteck?
Von einem Streifen Schweinespeck.
Wovon träumt der Has' im dicken Tann?
Dass er den Hund mal beißen kann.

Mein liebes Kind, nun träum auch du,
mach deine müden Augen zu!

Alfred Könner

Wenn die Tiere träumen

Die Katze läuft weg von den Mäusen,
das Äffchen hat Angst vor den Läusen.
Der Wolf, er rennt weg vor dem Schaf.
Warum denn? Ja, wann denn?

Im Schlaf.
Aha!
Ei darum! Ei deshalb!
Im Schlaf.

Die Bäume verprügeln die Winde.
Der Lehrer verbeugt sich vor dem Kinde.
Vorm Huhn nimmt der Fuchs sich in Acht.
Warum denn? Ja, wann denn?

Bei Nacht.
Aha!
Ei darum! Ei deshalb!
Bei Nacht.

Der Wachtmeister flieht vor dem Diebe.
Den Hasen verfolgt eine Rübe.
Ein Pferd schlägt den Knecht mit dem Zaum.
Warum denn? Ja, wann denn?

Im Traum.
Aha!
Ei darum! Ei deshalb!
Im Traum.

James Krüss

- Lest das Gedicht gemeinsam:
  Immer ein Kind übernimmt eine Strophe.
  Den Schluss jeder Strophe lesen alle im Chor.

Der Schlumischubu

Gestern hatte Lena einen schlimmen Traum und traut sich deswegen heute nicht ins Bett. Sie hat Angst, der schlimme Traum könnte wiederkommen. Papa setzt sich zu Lena ans Bett und versucht, ihr die Angst auszureden. Doch als er aus dem Zimmer geht, ist die Angst immer noch da.

Lena starrt an die Decke. Sie öffnet die Augen extra weit, um ja nicht einzuschlafen. Aber das ist ziemlich anstrengend. Und es dauert nicht lange, da kommt auch schon Schlumischubu an Lenas Bett. Er hebt sie hoch und flüstert ihr ins Ohr: „Hab keine Angst, kleine Lena. Ich bringe dich jetzt ins Land der Träume.“

Der Schlumischubu ist ein unsichtbarer Riese. Er trägt alle Kinder, die Angst vor schlimmen Träumen haben, ins Land der Träume. Dort beschützt er diese Kinder und passt auf, dass der schlimme Traum nicht wieder zu ihnen kommt.

Der Schlumischubu ist so riesig, dass sich nicht einmal die allerschlimmsten Träume in seine Nähe trauen. Deswegen haben die Kinder nur schöne Träume, bis der Schlumischubu sie am Morgen wieder in ihr Bett legt.

„Ich wünsche dir einen schönen Tag“, flüstert er Lena ins Ohr. „Und wenn du mich brauchst, komme ich heute Abend wieder.“

Manfred Mai

- Sicher hast du auch schon einmal schlecht geträumt. Erzähle, was dir geholfen hat.

Zum Einschlafen zu murmeln

Nirgends ist es wie im Bett
so gemütlich und so nett.
Was wohl morgen werden mag?
Morgen wird ein schöner Tag.

Dusel dusel schummerlich
sachte Welle schaukelt mich.
Wie auf einem Schiffchen leise
geh ich auf die Traumesreise.

Michael Ende

Winterschlaf

Eigentlich hatten Tina und Tom gehofft, dass es endlich schneien würde. Aber leider war es nur bitterkalt. Dennoch schien die Sonne. Dick angezogen spielten die Kinder im Garten. Tom versteckte sich, Tina musste suchen. Sie schaute hinter die Hecke. Das Laub raschelte unter ihren Füßen. Ob Tom hinter dem großen Laubhaufen hockte? Tina fegte die trockenen Blätter zur Seite. Plötzlich stutzte sie. Was war denn das? Unter den gelben und braunen Blättern lag eine stachlige Kugel: ein Igel. Tina wollte den Igel gerade anstupsen, da hörte sie ein leises „Nein“ hinter sich. Tom legte den Finger an seine Lippen, warf das Laub wieder über die Kugel und zog Tina weg. „Was hast du denn?“, maulte Tina. „Warum soll ich mir den Igel denn nicht genau ansehen?“ „Igel brauchen den Winterschlaf“, erklärte Tom. „Wenn sie zwischendurch immer wieder geweckt werden, schaffen sie es vielleicht nicht bis zum April. Erst dann finden sie wieder genug zu fressen.“

Sabine Trautmann

- Warum soll Tina den Igel nicht wecken?

Wie ein Igel im Garten überwintern kann

Wenn ihr wollt, dass Igel in euren Gärten überwintern, müsst ihr einiges beachten.

Im Herbst fressen sich Igel eine dicke Fettschicht an. Sie mögen vor allem Schnecken und Würmer. Darum kommen Igel gerne in Gärten, in denen es Komposthaufen gibt. Obst fressen Igel aber auch.

Für den Winterschlaf sucht sich jeder Igel einen trockenen Platz unter Laub oder Reisig. Deshalb sollte man Laub- und Reisighaufen bis Ende April im Garten liegen lassen. Igel polstern sich ihre Winterschlafplätze mit Gras und Moos aus.

Als Stachelkugel zusammengerollt verschlafen die Igel die kalte Jahreszeit. Sie sollten nie gestört werden.

Wenn jemand einen Igel in der Wohnung überwintern lässt, handelt er aus falsch verstandener Tierliebe. Igel sind oft von Würmern und Milben befallen. Diese vermehren sich in der Wärme des Hauses schnell und können den Körper des Igels von innen zerstören.

- Kennst du noch andere Tiere, die Winterschlaf halten?
- Informiere dich in einem Tierlexikon.

Der flüsternde Tiger

Elfmeter! In der letzten Spielminute! Erkan, der Torwart, ist verzweifelt. Seine Mannschaft führt mit 2:1. Wenn sie das Spiel nicht gewinnen, werden sie nicht Meister. Also muss Erkan den Ball unbedingt halten. Er nimmt seinen Plüschtiger, der neben dem Pfosten liegt, und drückt ihn fest an sich.

Der gegnerische Stürmer lacht. „He, du kuschelst wohl noch mit deinem Schmusetiger, du Baby?!"

Erkan sieht ihn cool an. „Ich habe nicht gekuschelt", erklärt er ruhig. „Er hat mir etwas geflüstert." „So'n Quatsch, Tiger können nicht reden", meint der Stürmer.

„Meiner schon." „Ach ja? Und was hat er gesagt?", fragt der Stürmer grinsend, während er sich den Ball zurechtlegt. „Er hat mir verraten, in welche Ecke du schießt", sagt Erkan.

„Echt?!“ Der Stürmer ist verunsichert. Er will noch etwas fragen, doch in diesem Moment pfeift der Schiedsrichter. Der Stürmer zögert und sieht sich ratlos um. Wohin soll er schießen? In die linke Ecke? Oder in die rechte? Flach oder hoch?

Endlich läuft er an, er schießt – doch der Ball segelt weit am Tor vorbei. Der Schiedsrichter pfeift ab. Das Spiel ist aus. Erkan reißt die Arme hoch. Gewonnen! Der Stürmer läuft zu ihm hin. „Kann dein Tiger echt sprechen?“, fragt er neugierig. Aber dieses Geheimnis behält Erkan lieber für sich.

Ulli Schubert

- Lest den Text mit verteilten Rollen.
- Warum spricht der Stürmer Erkan überhaupt an?
- Wieso schießt der Stürmer den Ball am Tor vorbei?

ÜBUNGEN

Wörter und Sätze

DerkleineHamsterliegtinseinemKäfigundträumt.
ImTraumträgtereinengroßenSackmitKörnerninseinenKäfig.
SicheristerderstärksteHamsterderWelt.

1. Schreibe den Text richtig auf.
2. Unterstreiche alle Namenwörter.

der kleine Hamster wacht auf er fühlt sich sehr stark ob er wohl die Gitterstäbe seines Käfigs auseinander biegen kann er versucht es doch es klappt leider nicht

3. Schreibe den Text richtig auf.
4. Markiere alle Satzanfänge und Satzzeichen farbig.

traurig	der kleine Hamster	in sein Laufrad	klettert
rennt	ein paar Runden	er
sich	bald	besser	fühlt	er

5. Bilde mit den Wortkarten drei Aussagesätze.

Fragesätze

| wer | wo | was | wie | wann | warum |

___ schläft der Hamster?
___ werden Hamster wach?
___ heißt dein Lieblingstier?
___ ist der Hamster traurig?
___ frisst ein Hamster?
___ versorgt dein Haustier?

6. Schreibe die Fragen mit passenden Fragewörtern auf.

Wörter mit Doppellauten

Fr…de	…fgabe	M…s	l…se	h…te	Kr…t
R…pe	n…	zw…	B…n	B…m	B…te

❶ Welche Doppellaute kannst du einsetzen?
Sprich die Wörter laut.

❷ Lege eine Tabelle an und trage die Wörter ein.

au	*eu*	*ei*

schr…ben	…le	Str…ch

❸ Bei diesen drei Wörtern gibt es zwei Möglichkeiten.
Findest du beide?

❹ Bilde mit jedem Wort einen Satz. Schreibe ihn auf.

H E U T E L E I S E M A U S

❺ Wie viele Reimwörter findest du?
Schreibe sie untereinander in dein Heft.

imtraumwaranjaeinkleinesbaby
siehattegroßeblaueaugenundglattehaut
ihrbauchundihrebeineaberwarengrau
daheultesielautimschlafundwachteauf

❻ Schreibe den Text richtig auf.
Achte auf Satzanfänge und Satzzeichen.

❼ Markiere alle Doppellaute farbig.

ÜBUNGEN

Tunwörter

Heute kommen Katrin und Martin zu ihren Freunden.
Sie reden aufgeregt miteinander, denn sie spielen Zirkus.
Aus Decken bauen sie ein Zelt.
Dann üben alle Kunststücke für die Vorstellung.

1. Schreibe den Text ab.
2. Unterstreiche die Tunwörter.
3. Übe den Text als Diktat.
4. Lege eine Tabelle an und trage die Tunwörter aus dem Text ein.

ich	*du*	*er / sie / es*	*wir*
ich komme	*du kommst*	*er …*	*wir …*
ich rede	*du*	*er*	*wir*

Reimwörter

Jeweils zwei Tunwörter reimen sich:

schreiben	sagen	stehen	liegen	hören
kriegen	gehen	bleiben	stören	fragen

5. Schreibe die Reimpaare untereinander.
   Markiere die gleichen Buchstaben farbig.
6. Bilde die Reimpaare auch in der „ich-Form“.

Klaus und Klara Knopf lieben Knödel, Klöße, Klöpse.
Knödel, Klöße, Klöpse lieben Klaus und Klara Knopf.

7. Wie lautet der Zungenbrecher, wenn nur Klaus gern Knödel, Klöße und Klöpse isst?

ÜBUNGEN

Die Doppellaute au und äu

Laus	Braut	Haus	Maus	Strauch	Bauch	Faust

1. Bilde die Mehrzahl dieser Namenwörter.
   Schreibe so: *ein Strauch – viele Sträucher, …*

Auto	Auge	Taube	Raupe	Pause	Frau

2. Bilde die Mehrzahl. Schreibe wie in Aufgabe 1.
   Was fällt dir auf?

bauen	kaufen	brauchen	staunen	glauben	laufen	schauen

3. Bilde die „er-Form“ der Tunwörter.
   Schreibe so: *bauen – er baut, …*

4. Unterstreiche den Wortstamm.
   Bei welchem Tunwort wird au zu äu?

Igel br…chen für den Winterschlaf
oft L…bh…fen unter Str…chern.
Dort tr…men sie von fetten R…pen.
Während des Winters sind ihre B…che so dick,
dass sie die lange Fressp…se gut …shalten.
Erst im Frühling sch…en sich die Igel
wieder nach Nahrung um.

5. Schreibe den Text auf. Setze au und äu ein.

ÜBUNGEN

Wovon träumt der Igel S. 78

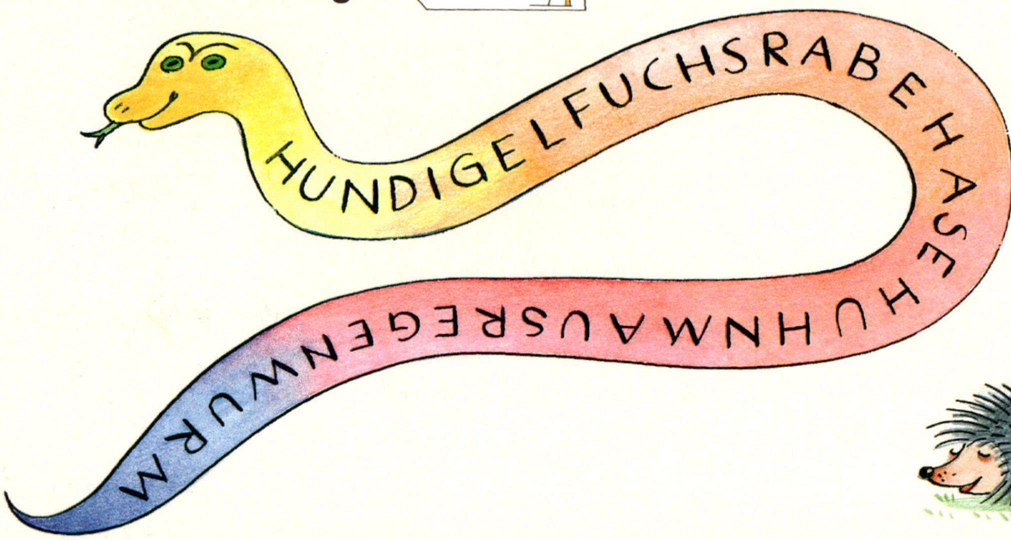

1. In der Wörterschlange sind viele Tiere versteckt. Schreibe sie mit Begleiter auf.

Der Schlumischubu S. 80

Lena hatte einen *schönen/schlimmen* Traum.

Papa/Mama will Lena helfen.

Als Lena allein ist, hat sie *keine/noch immer* Angst.

Lena *öffnet/schließt* ihre Augen.

Plötzlich kommt *Opa/Schlumischubu.*

Der Schlumischubu ist ein unsichtbarer *Zwerg/Riese.*

Er beschützt die Kinder vor *schlimmen/schönen* Träumen.

2. Schreibe den Text mit den zutreffenden Wörtern ab.

3. Welche Gefühle passen nicht zum Text? Begründe.

Freude	Angst	Stolz	Wut	Traurigkeit

ÜBUNGEN

Wie ein Igel im Garten überwintern kann S. 83

1. Warum soll man schlafende Igel nicht wecken?
2. Was braucht der Igel für den Winterschlaf?
3. Bis wann sollte man Laub und Reisig im Garten liegen lassen?
4. Welche Gefahr droht einem Igel in der Wohnung?
5. Welche Überschrift würde noch zum Text passen?
   Ein Igel als Haustier / Igel im Winter

❶ Du bist jetzt ein richtiger Igel-Experte.
Beantworte die Fragen in deinem Heft.

Der flüsternde Tiger S. 84

Erkans Mannschaft liegt 2:1 zurück. L
Erkans Mannschaft führt 2:1. T

Erkan spricht den Stürmer an. O
Der Stürmer spricht Erkan an. I

Der gegnerische Stürmer wird unsicher. G
Der gegnerische Stürmer bleibt ganz ruhig. R

Er schießt direkt ins Tor. U
Er schießt am Tor vorbei. E

Erkans Mannschaft gewinnt. R
Erkans Mannschaft verliert. S

❷ Welche Sätze sind richtig?
Schreibe die dazugehörigen Buchstaben auf.
Sie ergeben ein Lösungswort.

KAKAO
Schnittlauch
Futter

Erleben und Beschreiben

Im Zirkus

Die Vorstellung ist zu Ende. Nun gehen alle Artisten noch einmal in die Manege. Der Clown geht wie betrunken herum. Die Pferde gehen eine Runde. Die Affen gehen hin und her. Die Seiltänzerin geht mit kleinen Schritten herein.

1. Lies den Text. Was fällt dir auf?

rennen	trippeln	torkeln	traben	laufen
stolzieren	trampeln	springen	schleichen	hüpfen

2. Welche Tunwörter beschreiben die Handlung besser?

3. Beschreibe jedes Bild mit einem Satz. Finde dafür passende Tunwörter.

Tunwörter mit gleicher oder ähnlicher Bedeutung helfen dir, Geschichten zu schreiben.
Beispiel: gehen, laufen, springen, trippeln …
Du kannst das passende Wort auswählen. So drückst du dich genauer aus und vermeidest Wiederholungen.

4. Stellt pantomimisch verschiedene Arten zu „gehen“ dar. Versucht zu erraten, welches Tunwort gemeint ist.

gehen – geht   laufen – läuft   Ende   alle

Lena und Lisa sitzen im Zirkuszelt.
Lena schaut/blinzelt gespannt in die Manege.
Sie erkennt/entdeckt die lustigen Affen.
Der Zirkusdirektor zeigt eine große Schlange.
Lisa besichtigt/beobachtet sie genau.
Die Schlange starrt/sieht den Direktor an.
Der Zirkusdirektor blickt/guckt stolz umher.

5 Schreibe den Text mit den jeweils passenden Tunwörtern auf.
Unterstreiche die eingesetzten Tunwörter.

6 Schreibe die Tunwörter mit der Grundform auf:
sie schaut – schauen, ...

7 Gestaltet in Gruppenarbeit Tunwortplakate für das Klassenzimmer.
Die Plakate helfen euch, Geschichten zu schreiben.

Lena ___ mit Lisa fröhlich aus dem Zirkuszelt.
Schnell ___ Lisa noch zu den Tierkäfigen.
Danach ___ Lena nach Hause.
Lisa ___ noch in die Bücherei.

hüpfen	sausen	laufen	spazieren

8 Schreibe den Text mit den passenden Tunwörtern auf!

9 Schreibe die Tunwörter mit ihrer Grundform auf: *sie hüpft – hüpfen*

schauen

Mit den Händen sehen

1. Welche Spielsachen sind in den Fühlkästen?

Wiewörter sagen dir, wie Menschen, Tiere, Pflanzen und Dinge sind. Du schreibst sie klein: Der Ball ist **rund.**

Die Kinder der Klasse 2b haben ihre Spielsachen mitgebracht und passende Wiewörter für sie gesammelt.

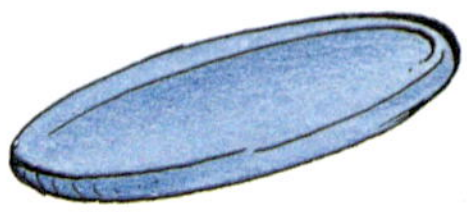

weich	klein	leicht	rund	glatt	groß

2. Beschreibe die Spielsachen.
3. Schreibe in Sätzen auf, wie die Spielsachen sind.
4. Welche Wiewörter passen zu deinem Spielzeug? Schreibe drei Sätze.

leicht   hart – härter   groß – größer

Mit den Augen sehen

Mona und Max liegen krank im Bett.
„Wollen wir etwas spielen?“, fragt Mona.
„Aber wir dürfen nicht aus dem Bett!“, antwortet Max.
„Das macht nichts! Wir spielen: Ich-seh’-etwas-was-du-nicht-siehst!“
Mona fängt an:
„Ich sehe einen bunten Gegenstand.“
„Ist es der Ball?“, rät Max.
„Nein. Ich sehe einen bunten, glatten Gegenstand.“
„Hmmmm“, brummt Max.
„Ich sehe einen bunten, glatten, viereckigen Gegenstand.“
„Ah, das Bild!“, freut sich Max.
Nun ist er an der Reihe.

1. Wie hat Mona Max geholfen, den richtigen Gegenstand zu erraten?
2. Spielt „Ich-seh’-etwas-was-du-nicht-siehst“. Erweitere den Satz immer um ein Wiewort, wenn dein Partner falsch rät.

Ich sehe einen ___ Gegenstand.
Ich sehe einen ___, ___ Gegenstand.
Ich sehe einen ___, ___, ___ Gegenstand.

Wiewörter können vor einem Namenwort stehen.
Dann verändern sie sich: groß – der groß**e** Ball.

sehen – sieht   antworten   Ball – Bälle   bunt

Wir beschreiben uns

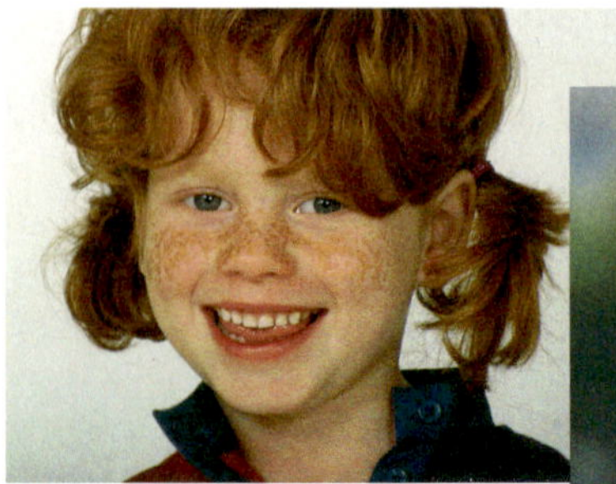
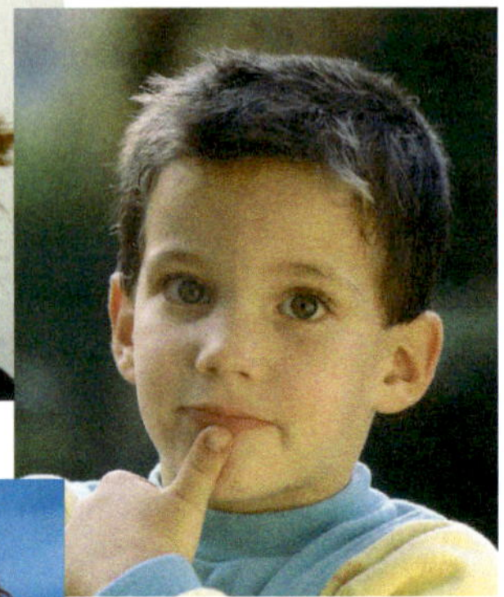

Du

Ich behaupte,
ohne zu übertreiben –
ich kann dich ungesehen
beschreiben:

Deine Augen sind blau,
schwarz, braun, grün oder grau.
Deine Nase ist lang gezogen,
stumpf, kurz, breit,
stupsig oder abwärts gebogen.
Deine Haare sind dunkel,
rot oder braun, blond aufgehellt,
gekraust, gelockt,
steckengerade oder gewellt,
sind kurz geschoren oder reichen
bis unter die Schultern.

Unzutreffendes streichen.

Hans Manz

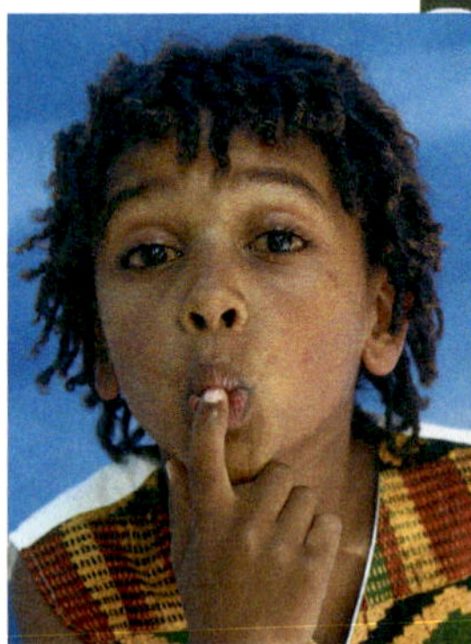

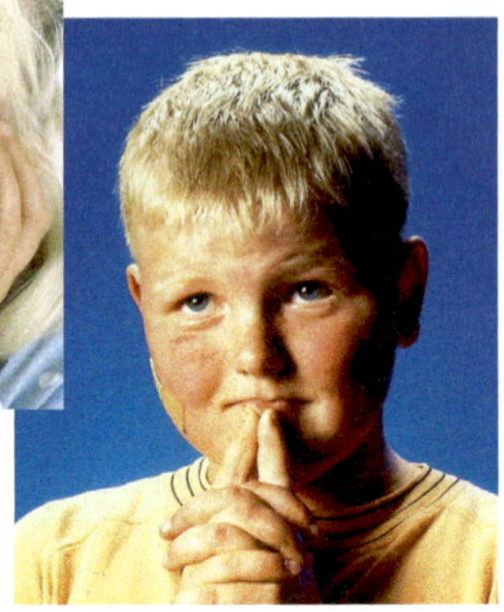

1. Lies den Text. Worin liegt sein Witz?
2. Schreibe die Wiewörter auf.
3. Was würdest du in dem Gedicht streichen, wenn du deine Freundin oder deinen Freund beschreibst?
4. Beschreibe ein Kind aus deiner Klasse. Die anderen müssen raten.

dunkel   blau   schwarz   braun   Nase

Dina und Paul

Ich heiße Paul. Ich bin pummelig.
Ich esse gerne Pizza oder Pommes.
Mein Pferd zu pflegen
macht mir Freude.
Meine Schwester Petra
spielt lieber mit Puppen.

1. Schreibe alle Wörter mit P/p auf.
2. Übe den Text als Diktat.

Schleichdiktat: Lege das Buch weit weg von deinem Platz.
Schleiche immer wieder zum Buch und lies einen Satz.
Schleiche zum Tisch, schreibe auf.
Vergleiche anschließend mit dem Text im Buch.

Ich heiße Dina. Ich bin groß und dünn.
Ich habe dicke, schwarze Haare.
Meine Augen sind dunkel.
Ich bin im Dezember geboren,
ich denke an einem Dienstag.
Doch der Donnerstag ist mein
liebster Tag, denn da gehe ich mit
den drei Dackeln von Doris spazieren.

3. Schreibe alle Wörter mit D/d auf.
4. Übe den Text als Schleichdiktat.

Dezember Dienstag Donnerstag heißen Pizza
Pommes Pferd – Pferde Puppe

Wie schmeckt das?

Mona reibt eine Karotte und einen Apfel.
Danach bindet sie Tom die Augen zu und sagt:
„Jetzt halte dir auch noch die Nase zu!“
Mona füttert ihn nun mit geriebenem Apfel.
Ob er schmeckt, was er im Mund hat?

1 Probiert, ob ihr geriebene Möhren und Äpfel unterscheiden könnt, wenn ihr die Nase zuhaltet.

Unsere Zunge kann sauer, süß, bitter und salzig unterscheiden:

3 Schlage die Namen für diese Dinge in der Wörterliste nach.
Schreibe auf, wie sie schmecken: *Die Brezel schmeckt …*

Mona mag Bananen. Anna liebt Birnen.
Am besten schmecken Tom Äpfel.

rot	fest	gelb	grün
weich	frisch	saftig	

4 Beschreibe die Lebensmittel genauer.
Schreibe verlängerte Sätze:
Mona mag weiche, … Bananen.

Im Text „Geschmackssache“ erfährst du, warum du Lebensmittel verschieden schmeckst. S. 115

frisch   halten – hält

Frischkäsedip für 6 Personen

- Danach hackt man Petersilie und Schnittlauch und reibt das Stück Apfel.
- In einer Schüssel mischt man den Frischkäse mit dem Jogurt.
- Am Ende wird der Dip mit Salz und Pfeffer abgeschmeckt.
- Nun gibt man die gehackten Kräuter und den geriebenen Apfel zum Frischkäse mit Jogurt.
- Zuerst stellt man alles bereit, was man braucht: eine Schüssel, einen Löffel, eine Reibe, 200 Gramm Frischkäse, 100 Gramm Jogurt, gewaschene Kräuter (Petersilie und Schnittlauch), ein Stück Apfel, Pfeffer und Salz.
- Mit Brot kann man den Frischkäse dippen.

1. Lies die Anleitung und vergleiche mit den Bildern.
2. Schreibe das Rezept in der richtigen Reihenfolge auf.

Brot   Salz   geben – gibt

Gefühle sind wie Farben

Patris mag Lisa sehr.
Sie hat ihn angelächelt.
Nun sieht er alles rosarot.

Tom hat Anna die Stifte weggenommen.
Anna ist rot vor Wut.

1 Kennst du das auch? Erkläre die Sätze unter den Bildern.

Manchmal beschreiben Farben Gefühle besonders gut.

Peter hat kein gutes Gefühl, als er das Diktat abgibt.
Er sieht ___ .

Du hast Langeweile und bist allein.
Für dich ist alles ___ .

Tom fühlt sich richtig wohl.
Die Welt ist für ihn ganz ___ .

grau	bunt	schwarz

2 Welche Farben passen am besten?
Schreibe die Sätze auf.

3 Wann ist für dich alles grau?

Lies dazu auch:
„Jeder Tag hat eine Farbe“. S. 108

Elfchen

Diese Elfchen haben Kinder einer zweiten Klasse geschrieben.

Elfchen sind kurze Gedichte, die sich nicht reimen.
Sie bestehen aus fünf Zeilen mit insgesamt **elf** Wörtern.
So schreibst du ein Elfchen:
1. Zeile: **1 Wort** (Wiewort)
2. Zeile: **2 Wörter** (Namenwort mit Begleiter)
3. Zeile: **3 Wörter** (kurzer Satz, der die Sache beschreibt)
4. Zeile: **4 Wörter** (Ich … – ein Satz, der mit „ich“ beginnt)
5. Zeile: **1 Wort** (als Abschluss)

1 Schreibe ein Elfchen über Schnee.

1. Zeile: Schreibe ein Wiewort, das zum Schnee passt.
2. Zeile: Schreibe das Namenwort mit Begleiter (also: der Schnee).
3. Zeile: Wie ist der Schnee? Beschreibe.
4. Zeile: Was gefällt dir am Schnee? (Beginne so: Ich …)
5. Zeile: Finde ein passendes Schlusswort.

Überprüfe, ob du die Anleitung genau beachtet hast.

2 Schreibe ein Elfchen zu einer Sache, die dir besonders wichtig ist.

Mit den Füßen sehen

Am Montag stellt die Lehrerin Frau Bär Kartons in einer langen Reihe auf den Boden. Da sind geheimnisvolle Dinge drin. „Heute wollen wir mit den Füßen sehen“, sagt sie. „Zieht bitte alle eure Schuhe und Strümpfe aus!“

Ruck, zuck reißen sich Max und Anna die Sandalen von den Füßen. Lara und Marvin murren. Sie haben Doppelknoten in den Schnürsenkeln.

Wer fertig ist, darf schon mal langsam durch die Kartons gehen. „Iih, das pikst ja!“, schreit Anna. „Das hier ist ganz weich!“, ruft Max, „Probier mal.“ Die Kinder quieken und lachen. In jedem Karton ist etwas anderes: Holzstöckchen oder Korken. Schafswolle oder Moos. Tannenzapfen oder Eicheln.

Max macht als Erster die Augen zu. Anna und Salih führen ihn durch die Kartons. Er soll nun mit den Füßen sehen! „Kinderleicht“, sagt Max und tappt vorsichtig los.

Aber dann weiß er nicht:
Piksen die Holzstöckchen
oder die Tannenzapfen?
Ist das Weiche die Schafswolle
oder das Moos?
Tun die Eicheln oder die Korken
unter den Fußsohlen so weh?
Zum Glück kann er es gleich
noch mal probieren.

Hanneliese Schulze

Meine Beine

Meine Beine
machen manches ganz von alleine:
Sie können zu meinen Freunden gehen,
bleiben vor einem Schaufenster stehen.
Sie können zur Schule laufen,
helfen mir, eine Brezel zu kaufen.
So bewegen sich meine Beine
manchmal ganz von alleine.

Meine Beine
machen manches ganz von alleine:
Auch wenn ich das überhaupt nicht will,
halten sie in der Schule nicht still.
Wenn wir in der Klasse brav sitzen sollen,
kommt es vor, dass sie schon gehen wollen.
Ja, und dann bewegen sich meine Beine –
gaaaaaaanz von alleine!

Camilla Kloos

Heute geh ich aus dem Haus

Heute geh ich aus dem Haus
in die weite Welt hinaus.

Will mit meinen Augen sehen,
wie der Fuchs den Hasen jagt
und der Biber Bäume nagt.

Will mit meiner Nase riechen,
was so durch die Lüfte fliegt
und in unserem Garten blüht.

Will mit meinen Ohren hören,
was der Wind dem Raben sagt
und der Frosch im Stadtpark quakt.

Will mit meiner Zunge schmecken
Nachbars Äpfel, Birnen, Pflaumen
und den ungewasch'nen Daumen.

Will mit meinen Händen fühlen,
ob der Schmerz im Feuer liegt
und der Igel wirklich piekt.

Müde schleiche ich nach Haus –
doch morgen geh' ich wieder aus!

Helme Heine

Wie Tiere ihre Umwelt wahrnehmen

Der Hund verlässt sich meist auf seinen Geruchssinn. Mit der Schnauze auf dem Boden verfolgt er eine Spur.

Ratten finden sogar in der Dunkelheit ihren Weg. Mit ihren dicken, steifen Tasthaaren ertasten sie jedes Hindernis.

Bienen ertasten mit ihren Fühlern, wie groß die Öffnung des Bienenstocks ist. Außerdem können Bienen mit ihren Fühlern schmecken.

Bevor eine Fliege Nahrung mit ihrem Rüssel aufnimmt, prüft sie mit den Härchen an ihren Beinen, ob ihr das Fressen schmeckt.

- Hast du schon einmal beobachtet, wie eine Fliege ein Stück Käse oder einen Klecks Marmelade mit ihren Beinchen untersucht?
- Vergleicht eure Sinne mit denen der beschriebenen Tiere.

Jeder Tag hat eine Farbe

Manche Tage sind gelb
und manche blau.
Die Farbe ändert sich -
und ich?

Heute steh ich,
und morgen steh ich Kopf.
Meine kunterbunten Launen
bringen mich zum Staunen.

Sind die Tage rot wie Glut,
fühle ich mich richtig gut.
Wie ein Pferd werf ich die Hufe,
nehme spielend jede Stufe.

Und an himmelblauen Tagen
kann ich mit den Flügeln schlagen.

Manchmal ist ein Tag ganz braun,
keiner von den bunten.
Ich mag nicht aus den Augen
schaun
und fühl mich ganz tief unten.

Dann kommt ein gelber Tag
und summmmmmm
wie eine Biene flieg ich rum.

Ein grauer Tag – die Welt ist flau.
Nichts rührt sich,
nichts rührt mich –
Ich schau.

Ein Tag, orange voll Zirkuslaunen,
lässt mich wie die Robbe staunen.

Ein grüner Tag –und mein Gefühl
Wird gelassen, ruhig und kühl.
Wie ein Fisch gleit ich daher,
tief im stillen, dunklen Meer.

Lila Tage sind ganz schwer.
Ich finde alles öd und leer.
Ich geh ganz alleine
und weine.

An rosa Tagen geht's mir prächtig.
Stolzieren und springen gefällt mir mächtig.

An schwarzen Tagen bin ich laut.
Ich knurre, heule, brülle, dass es jeden graut.

Ein Durcheinander-Tag ist wild und bunt.
In mir drin geht's ganz schön rund.

Nach alledem wird endlich klar:
Ich bin und bleibe, wer ich war.
Die Farbe ändert sich,
doch ich bleib ich.

Dr. Seuss (deutsch von Uli Blume)

- Wie fühlst du dich heute? Lerne die Strophe auswendig, die heute zu dir passt und trage sie vor.
- Schreibe eine kleine Geschichte auf, die erzählt, warum du dich heute so fühlst.

Zauberei – nicht nur im Zirkus

Die Zwillinge Lena und Lisa waren im Zirkus.
Nach der Vorstellung läuft Lena nach Hause und schreibt in ihr Tagebuch:

Ich komme gerade aus dem Zirkus. Der Zauberer ist Klasse: Er hat zwei aufgeblasene Luftballons. Einen gibt er dem Clown, den anderen behält er selbst. Nun gibt er dem Clown eine Stecknadel und bittet ihn, diese in den Luftballon zu stecken. Mit einem lauten Knall platzt der Ballon. Der Clown erschrickt fürchterlich. Nachdem der Zauberer einen Spruch gemurmelt hat, sticht jetzt er mit derselben Nadel in seinen Luftballon. Aber – oh Wunder – der Ballon platzt nicht. Insgesamt steckt er sieben Nadeln hinein! Aber der Ballon bleibt ganz. Ich wüsste nur zu gerne, wie so etwas geht!

Lisa geht nicht nach Hause, sondern in die Bibliothek.
„Grüß Gott, ich suche einen bestimmten Zaubertrick, können Sie mir bitte weiterhelfen?“, fragt sie die Bibliothekarin.
„Na, dann komm mal mit!“, antwortet diese und führt Lisa zu einem Regal, in welchem viele Zauberbücher stehen.

„Oh, das hätte ich nicht gedacht, dass Sie so viele Zauberbücher haben!", freut sich Lisa.
Sie zieht ein großes, dickes heraus und findet darin tatsächlich auch den Trick aus dem Zirkus:

Der Luftballon, der nicht platzt
Zuerst musst du einen Luftballon präparieren:
Blase ihn auf und klebe an verschiedene Stellen kleine Stückchen durchsichtige Klebestreifen. Niemand wird diese aus der Entfernung sehen. Nun steckst du die Stecknadeln genau in diese Stellen hinein. Wenn du dabei Zauberformeln sprichst, wird dein Trick noch besser wirken.

„Nun, hast du deinen Trick gefunden?", will die Bibliothekarin wissen. „Ja, vielen Dank für die Hilfe! Ich komme bestimmt bald wieder, um die anderen Tricks auch noch zu lernen! Auf Wiedersehen und noch mal vielen Dank!"
Lisa strahlt, als sie nach Hause rennt. Kaum angekommen, bereitet sie schnell alles vor und zeigt ihrer Zwillingsschwester, was sie gelernt hat. Lena staunt und bettelt: „Lisa, bitte, bitte, verrate mir, wie du das machst!"
Am Abend schreibt Lena in ihr Tagebuch:

Jetzt kann ich den Zaubertrick auch. Er geht so: Zuerst muss ich …

Camilla Kloos

- Probiere den Trick aus und führe ihn vor.
- Schreibe den Trick so auf, wie ihn Lena in ihr Tagebuch schreibt. Benutze dafür die „Ich-Form" und füge deine Zauberformeln ein.
- Willst du noch mehr Tricks lernen? Dann frage in der Bibliothek oder suche im Internet.

Sascha

Sascha ist fast zehn Jahre alt. Als kleines Kind hat er lange im Krankenhaus gelegen, darum geht er erst in die 2. Klasse. Sascha kann nicht so gut laufen. Er braucht ein großes Gestell als Laufhilfe. Am liebsten krabbelt er auf allen vieren. Manchmal bewegen sich seine Hände und Beine ganz seltsam. Dann kann er gar nichts mit ihnen anfangen. Er spielt mit seinen Freunden gerne „Uno“ oder „Verrücktes Labyrinth“.

Eines Tages bekommt die Klasse 2c eine neue Lehrerin. Die Lehrerin ist nett, aber sie weiß nicht viel über Sascha. Sascha macht Faxen. Alle lachen. Nur die Lehrerin nicht. Sie tut, als ob gar nichts sei.

Sascha sagt: „Ich kann das nicht abschreiben.“ Die Lehrerin gibt ihm dann eine neue Aufgabe.

Sascha sitzt unter dem Tisch. Die Lehrerin läuft zu ihm. „Bist du hingefallen?“, fragt sie besorgt. „Nein“, sagt Sascha. Die Lehrerin schluckt. Sie versucht, Sascha unter dem Tisch zu übersehen.

Am nächsten Tag sitzt Sascha wieder unter dem Tisch. „Warum sitzt du eigentlich da unten?“, fragt die Lehrerin. „Weil ich möchte, dass du mit mir genauso schimpfst wie mit den anderen.“

Sabine Trautmann

- Warum schimpft die Lehrerin nicht mit Sascha?
- Was will Sascha erreichen?
- Was will der Text: informieren, zum Nachdenken anregen oder unterhalten?

Meins

Augen, Nase, Mund und Ohren,
Finger, um darin zu bohren,
Arme, Hände, Füße, Beine
und des Weiteren noch meine
Brust, der Rücken ebenso
und der Kopf, der Bauch und Po:
All das und noch vieles mehr
gehört zu mir, geb ich nicht her.

Regina Schwarz

Spuk in der Speisekammer

Larissas Mama hat Schokokekse gebacken.
Süß und braun und knusprig.
Larissa mag Schokokekse für ihr Leben gern.
Leider hat Mama die Schokokekse in einen großen Topf gelegt.
Und dieser Topf steht nun in der Speisekammer ganz oben im Regal.
Aber Larissa ist schlau. Sie weiß, wo die Leiter steht.
Sie weiß, wie man hinaufklettert.
Sie weiß, wie man leise, leise den Topf aufmacht
und einen Schokokeks herausnimmt. Jeden Tag einen.
Kurz vor Papas Geburtstag ist der Topf ratzekahl leer.
Mama ist sehr erschrocken.
Die Schokokekse waren für Papas Geburtstag.

Wer hat denn bloß die Kekse stibitzt?
„Das war ein Gespenst!“, sagt Larissa.
„Wahrscheinlich hat es furchtbaren Hunger gehabt.“
„Aha!“, sagt Mama und backt neue Schokokekse.

Abends schleicht Larissa in die Speisekammer.
Ganz oben auf dem Regal steht wieder der große Topf.
Larissa holt die Leiter und klettert hinauf.
Leise, leise macht sie den Topf auf.
Doch sie findet nur ein Stück Schwarzbrot.
Daneben liegt ein Zettel. Darauf steht:

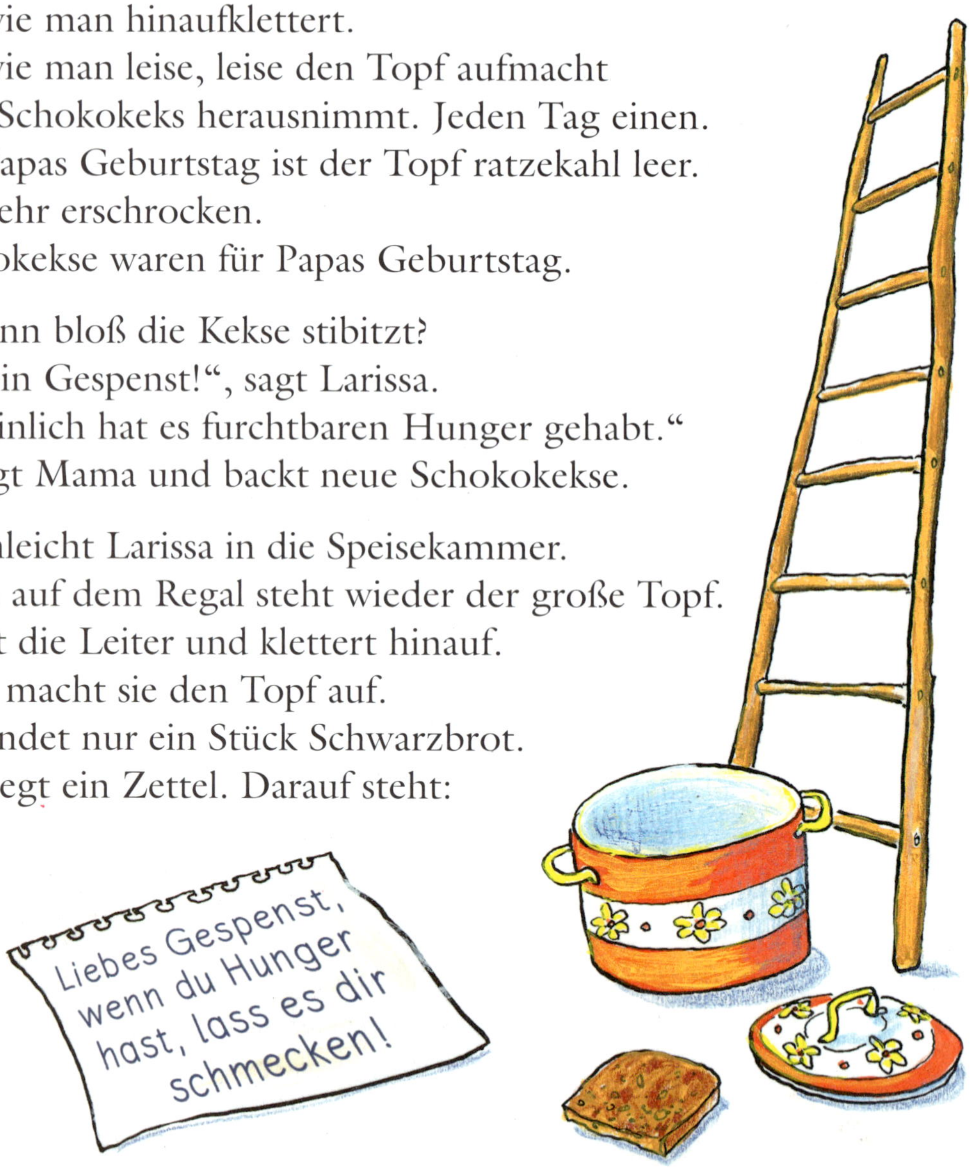

Leise, leise
macht Larissa den Topf wieder zu.

Ingrid Uebe

Geschmackssache

Auf deiner Zunge gibt es Geschmacksknospen. An der Zungenspitze schmeckst du vor allem süße Sachen. Bitteren Kaffee schmeckst du auf dem hinteren Teil der Zunge. Außerdem kannst du mit der Zunge noch sauer und salzig unterscheiden.

Ob einem etwas schmeckt, hängt oft davon ab, welches Essen man gewohnt ist.

Wie einem etwas schmeckt, hängt aber auch mit dem Geruch des Essens zusammen. Wenn du Schnupfen hast, schmeckt oft alles gleich.

Aber deine Zunge kann nicht nur schmecken. Sie spürt auch, ob etwas kalt oder heiß, weich oder fest, rau oder glatt ist.

- Lege ein Stück Zucker auf verschiedene Teile deiner Zunge. Wo schmeckst du den Zucker am besten?
- Führe den gleichen Versuch mit Salz und Zitronensaft durch.
- Was isst du besonders gern?
- Welche Speisen aus anderen Ländern kennst du? Schreibe auf.

ÜBUNGEN

Tunwörter richtig einsetzen

Entsetzt ___ Lena auf ihr Heft.
Mitten auf der Seite ___ sie ein rotes Herz.
Vorhin hat Johannes sie die ganze Zeit ___ .
Ob er das Herz gemalt hat?
Lena ___ sich im Klassenraum um. Johannes ___ zur Tafel.
Nachher wird Lena mit ihm reden.

schauen	entdecken	gucken	beobachten	starren

1. Schreibe den Text mit den passenden Tunwörtern auf. Benutze jedes Tunwort nur einmal.
2. Suche weitere Tunwörter mit der Bedeutung von „sehen“.

Lena kommt aus der Schule. Sie ist wütend.
Johannes hat alles abgestritten.
Aber jetzt ___ er hinter ihr her.
Lena ___ am Schulhaus vorbei. An der Ecke schaut sie sich um.
Johannes ___ ganz langsam die Straße entlang. Er lacht sie an.
Soll Lena warten oder nach Hause ___ ?

laufen	schlendern	gehen	schleichen

3. Schreibe den Text mit den passenden Tunwörtern auf.
4. Schreibe die Geschichte von Lena und Johannes zu Ende.

sagen	lesen	rufen	reden	schreien	hüpfen
erzählen	flüstern	essen	meinen	spazieren	

5. Welche Tunwörter kannst du anstelle von „sprechen“ verwenden? Schreibe sie auf und verwende sie in einem passenden Satz.

ÜBUNGEN

Wiewörter

Mit deinen fünf Sinnen entdeckst du die Welt. Du kannst sehen, fühlen, hören, schmecken und manchmal riechen, wie etwas ist.

bitter	dick	gelb	glatt	groß	hart
kalt	kurz	lang	laut	leise	salzig
sauer	scharf	süß	warm	weich	weiß

1 Welche Eigenschaften kannst du sehen, welche fühlen, hören, riechen oder schmecken? Schreibe auf, welche Wiewörter zu welchem Sinn passen.
sehen: dick, glatt, ...
fühlen: dick, glatt, ...

2 Bilde mit den Wiewörtern Wortgruppen: *der weiche Teddy*

3 Bilde Sätze mit den Wiewörtern und den Tunwörtern fühlen, sehen, riechen, hören, schmecken: *Ich fühle den weichen Teddy.*

Tim ist krank

Er hat einen trockenen Hals.
Seine rote Nase läuft.
Mutter kühlt Tims heiße Stirn.
Sie macht ihm kalte Umschläge.
Vater gibt ihm warmen Tee.

4 Wie ist Tims Hals, seine Nase, seine Stirn? Wie sind die Umschläge und der Tee? Schreibe so: *Der Hals ist trocken.*

5 Übe den Text als Diktat.

Wiewörter und ihr Gegenteil

alt	groß	laut	böse	schnell	hell	weich	lieb

langsam	dunkel	klein	schlecht	hässlich	schön

hart	gut	still	kalt	heiß	neu	nah	weit

1. Immer zwei Wiewörter gehören zusammen. Finde die Gegensatzpaare.

Wörter mit P/p und D/d

Nach der Pause sollen die Kinder Geräusche erraten.
Die Lehrerin hat ein Paket mit vielen Dingen mitgebracht.
Alle sitzen mit dem Rücken zu ihr.
Zuerst lässt die Lehrerin einen Luftballon platzen. Dann schlägt sie auf eine Pauke. Plötzlich poltern Holzbausteine zu Boden.
Zum Schluss raschelt die Lehrerin mit Papier und zerreißt Pappe.

2. Schreibe alle Wörter mit P/p am Wortanfang heraus.

3. Schreibe alle Namenwörter aus dem Text mit Begleiter auf.

dünn	dick	dunkel	dreckig	dicht
Buch	Ferkel	Wald	Fell	Zimmer

4. Welches Wiewort passt zu welchem Namenwort?
   Es gibt mehrere Möglichkeiten.
   Schreibe so: *das dicke Ferkel, ...*

5. Schreibe nun so: *Das Ferkel ist dick.*

6. Suche in der Wörterliste weitere Wörter mit D/d am Wortanfang.
   Schreibe sie ab.

Wie Tiere ihre Umwelt wahrnehmen S. 107

▒▒▒ finden sich auch zurecht, wenn es dunkel ist, denn sie ertasten mit ihren Tasthaaren die Umgebung.

▒▒▒ haben an ihren Beinen Geschmacksorgane.

▒▒▒ können mit ihren Fühlern schmecken.

▒▒▒ verlassen sich meist auf ihre Nasen. Sie haben einen guten Geruchssinn.

❶ Schreibe die Sätze mit den richtigen Tiernamen auf.

Spuk in der Speisekammer S. 114

1. Wohin schleicht Larissa täglich?
2. Wo steht der Topf?
3. Was stibitzt sie täglich aus dem Topf?
4. Für wen schreibt Larissas Mutter den Brief?
5. Welche Ausrede benutzt Larissa?
6. Was lässt sich Larissas Mutter einfallen?

❷ Schreibe zu jeder Frage einen Antwortsatz auf!

Geschmackssache S. 115

1. Welche vier Geschmacksrichtungen gibt es?
2. Was kannst du mit der Zunge noch spüren?

❸ Beantworte die Fragen. Schreibe dazu nur Wiewörter auf.

London

In anderen Ländern

Englisch sprechen

Fast überall auf der Welt
lernen die Kinder in der Schule Englisch.
Wer Englisch spricht,
kann sich mit vielen Menschen
verständigen.

Auch wir benutzen oft englische Wörter.
Wir tragen T-Shirts, Boxershorts
und Jeans. Wir fahren Inliner
und spielen mit dem Gameboy
oder dem Computer. Wir lesen
Comics, sammeln Sticker
und kuscheln mit Teddys.

1. Welche Wörter kommen aus dem Englischen? Schreibe sie auf.
2. Findest du noch mehr englische Wörter? S. 135

England ist bekannt für seinen
Tee. Täglich um fünf Uhr
trinkt man eine Tasse heißen Tee.
Auf dem Tisch steht dann oft
neben der Teekanne
auch ein Teller mit Keksen.
Statt der Kekse kann man auch
belegte Brote nehmen.

3. Schreibe alle Wörter mit T/t am Wortanfang heraus.
4. Schreibe alle Wörter ll, nn, ss und tt heraus.
5. Übe den Text als Schleichdiktat. S. 99

nehmen – nimmt   Tee   trinken   heiß

Ein englischer Maler

Der Maler dieses Bildes heißt Thomas Gainsborough. Er war Engländer.

Am 14. Mai 1727 wurde er in Suffolk getauft. Man weiß nicht genau, wann er geboren wurde, aber früher wurden die Kinder immer kurz nach ihrer Geburt getauft.

Seine Eltern merkten sehr früh, dass er gut malen konnte. Darum schickte ihn sein Vater zum Studium nach London, als er 13 Jahre alt war.

Thomas Gainsborough malte Landschaften und Porträts. Er wurde schnell berühmt. Darum durfte er auch Angehörige des englischen Königshauses malen. Diese Bilder hängen heute noch in englischen Schlössern.

The cottage girl

1. Schreibe auf, was du im Text über den Maler des Bildes erfährst.
2. Beschreibe das Bild.
3. Du kannst dir auch eine Geschichte über das Mädchen ausdenken.

Schuluniformen

Tom und Betty müssen gleich zur Schule. Tom ist schon fertig angezogen. Er trägt seine Schuluniform: Ein weißes Hemd, eine dunkelblaue Jacke mit dem Schulwappen und eine dunkle Hose. Betty legt noch ihre Sachen zurecht. „Wo ist bloß mein Rock?“, fragt sie. Ihre Tasche hat sie schon gepackt. Tom sagt: „Jeden Tag dasselbe! Ich gehe jetzt. Die Schule fängt gleich an.“

1 Schreibe alle Tunwörter aus dem Text untereinander.
Ergänze hinter jedem Tunwort die Grundform.

Tunwörter stehen in der **Grundform** (tragen) oder in der **Personalform** (du trägst). Wenn du nicht weißt, wie ein Tunwort geschrieben wird, bilde seine Grundform: du trä**g**st – tra**g**en.

trä•t	le•t	flie•t	sa•t	fra•t
lie•t	grä•t	sie•t	to•t	trei•t

2 Schreibe die Tunwörter ab.
Setze dabei b, p, g oder k richtig ein.
Schreibe so: *tragen – er trägt, …*

3 Markiere den Wortstamm.

In „Briefe von Felix“ erfährst du mehr über Großbritannien. S. 136

fragen – fragt   Tasche   Hose   Rock   Hemd – Hemden
tragen – trägt

Bei Tom und Betty zu Hause

Das [ ]feuer brennt. Auf dem Tisch stehen [ ]brot und [ ]marmelade. Die [ ]kanne ist ganz heiß. Betty holt einen [ ]lappen, damit sich keiner verbrennt. Im [ ]sessel schnurrt Kitty, Toms Katze.

1. Lies den Text. Achte auf das Bild.
2. Bezeichne die Dinge genauer. Finde dazu die passenden Puzzleteile.

Kamin | Lager | Toast | Vollkorn | Orangen | Zitronen
Tee | Kaffee | Topf | Staub | Ohren | Korb

Mit **zusammengesetzten** Namenwörtern kannst du etwas genauer beschreiben.
Der Begleiter richtet sich nach dem zweiten Namenwort.

3. Schreibe die zusammengesetzten Namenwörter so auf:
   der Kamin, das Feuer: das Kaminfeuer, ...
4. Unterstreiche die Begleiter der zusammengesetzten Namenwörter.
5. Unterstreiche die Endungen -el, -er, -en.
   Finde weitere Wörter mit diesen Endungen.
6. Schreibe den Text mit den zusammengesetzten Namenwörtern auf.

Pfadfinder

Die Pfadfinder-Idee geht auf einen Engländer zurück,
der Robert Baden-Powell hieß.
Er war vor rund hundert Jahren im Krieg in Afrika.
Dabei erlebte er so viele Grausamkeiten,
dass er neue Kriege verhindern wollte.
Er glaubte, dass Menschen sich besser verstehen,
wenn sie gemeinsam Abenteuer erleben.
Darum gründete er eine weltweite Jugendbewegung
und nannte sie „boy scouts" (Pfadfinder).
Zuerst gehörten ihr nur Jungen an. Heute können
auch Mädchen an den Treffen teilnehmen.

In ihren Regeln steht:
Sei freundlich!
Haltet zusammen!
Wir sind eine große Familie!
Tu jeden Tag eine gute Tat!

1. Warum wurden die Pfadfinder gegründet?
2. Finde zu jeder Regel ein Beispiel.
3. Welche Regel findest du am wichtigsten?
   Unterhaltet euch darüber. Begründet eure Meinung.

Zelt	Mücken	Feuer	Platz	Matratze
Stiche	Lager	Treffen	Luft	Pfadfinder

4. Bilde zusammengesetzte Namenwörter.
   Schreibe so: *das Zelt, das Lager: das Zeltlager, …*

Mann – Männer Junge hundert Platz – Plätze

Am Lagerfeuer

1. Lies die Sätze laut vor.
2. Schreibe die Sätze ab. Achte auf die Satzzeichen.

Sätze, in denen jemand etwas ausruft, heißen **Ausrufesätze.**
Sie enden mit einem Ausrufezeichen.
Am Satzanfang schreibst du groß.

3. Welche der Sätze im Bild sind Ausrufesätze?
4. Bilde noch mehr Ausrufesätze zu dem Bild und schreibe sie auf.
   Die Wörter können dir helfen:

Feuer	Hitze	Hilfe	Spinne	Saft

Hilfe schnell Wasser Saft – Säfte

Im Pfadfinderlager

Tom schreibt seiner Mutter aus dem Pfadfinderlager.

Liebe Mami,
heute gab es Spagetti! Gleich nach dem Mittagessen machten wir auf dem Fluss eine tolle Floßfahrt. Das Wetter war schön. Keine Wolke war am Himmel zu sehen. Das Wasser floss ziemlich schnell und wir mussten aufpassen, um nicht hinein zu fallen. Rate mal, was wir am Ufer gesehen haben! Eine fette Ratte! Keiner wusste, ob Ratten schwimmen können.
Viele Grüße,
dein Tom.

1. Können Ratten schwimmen?
Wo kannst du das herausfinden?

2. In dem Text findest du Wörter
mit den doppelten Mitlauten
ss, ll, mm, nn, tt.
Schreibe sie geordnet auf.

ss	ll	mm	nn	tt

Kamm	Floß	Ofen	floss	hoffen
Hof	raten	Ratte	offen	kam

3. Sprich die Wörter deutlich.

4. Schreibe die Wörter paarweise auf. Kennzeichne den kurz und den lang gesprochenen Selbstlaut so: *Kamm – kam, …*

5. Lies die Wörter noch einmal laut. Was fällt dir auf?

Himmel Wetter schön

Tom und Sandra beim Angeln

1. Schreibe eine Geschichte zu den Bildern auf.
   Die folgenden Wörter können dir dabei helfen:

Baumstamm	sitzen	angeln	Fluss	Eimer	Forellen
Flasche	Angel	Wasser	vorbei	treiben	schwimmen

2. Schreibe auf, wie die Geschichte weitergeht.

3. Lest nun eure Geschichten einander vor.
   Was gefällt euch daran? Begründet.

Geheimbriefe

Tom schüttelt die Flasche. Darin sind viele Zettel.

Wer | bit | Lau | se | sau. | Fla | post | fin | schreibt

ra | Mül | in | Pas | die | schen | det, | te | an | ler

„Das ist bestimmt ein Geheimbrief.
Ob wir ihn lesen können?“, fragt Sandra.

1. Was musst du tun, um den Brief lesen zu können? Schreibe den Brief auf.
2. Können die Kinder tun, was in dem Brief steht? Begründe deine Meinung.

Tom will nun auch einen Geheimbrief an seine Schwester schreiben. Zuerst schreibt er seinen Brief.

Liebe Betty,
wir gehen immer schwimmen. Wir müssen sehr aufpassen, weil das Wasser ziemlich schnell fließt. Gestern ist Sandra schon vom Floß gefallen, aber wir konnten sie retten. Nun liegt sie krank im Bett. Hoffentlich passiert mir das nicht!

Viele Grüße,

dein Tom.

3. Dann trennt Tom die Wörter. Hilf ihm dabei. Schreibe den Brief nach Silben getrennt auf:
   Lie-be Bet-ty, …
4. Schreibe selbst einen Geheimbrief.

müssen – muss   gestern   krank

Die Schnitzeljagd

Zum Abschluss machen die Pfadfinder eine Schnitzeljagd.
Toms Gruppe soll einen Schatz finden:

Geht hin- Brun- zum der Kir- -ter -che **-nen.**

Wen- Rich- in -det -tung euch **Fluss.**

An müsst -de ab- Lin- rechts -bie- ihr der **-gen.**

Geht -ten Park- zur ro- bis **-bank.**

1. Schreibe die Sätze richtig auf. Wo ist der Schatz versteckt?

Der Rückweg

AufdemRückwegkamensiedurcheinekleineStadt.
DieStraßenwarenengundsteil.
AufeinemTurmstandeinStorch.
Tomstarrtehinauf.
DastolperteerübereinenStein.
ZumGlückfielernichthin.

2. Schreibe den Text mit den richtigen Wortgrenzen auf.
3. Unterstreiche alle Wörter mit St/st.
4. Lies die Wörter mit St/st laut. Was fällt dir auf?
5. Übe den Text als Partnerdiktat. S. 17

eng   stehen – steht

Fußball – eine englische Sportart

Schon vor vielen hundert Jahren spielte man in England Fußball. Die Städte stellten Mannschaften auf, die gegeneinander antraten. Sie versuchten, eine Kugel durch die Stadttore zu spielen. Das dauerte oft mehrere Stunden. Die Zuschauer standen an der Straße. Mit lauter Stimme feuerten sie ihre Mannschaften an. Sie sparten nicht mit Lob, wenn ein Stürmer die Kugel durch die Stadttore schoss.

Heute wird in der ganzen Welt Fußball gespielt. Überall gibt es große Stadien. Die Fußballtore bestehen jetzt aus Stangen und einem Netz. Ein Spiel dauert 90 Minuten. Das Foto zeigt das neue Wembley Stadion in London.

1. Lies den Text. Welche Unterschiede zwischen Fußball früher und Fußball heute gibt es?
2. Ordne alle Wörter mit St/st und Sp/sp in eine Tabelle ein. Unterstreiche St/st und Sp/sp.

St/st	Sp/sp
Städte	spielte

Du hörst scht und schp, schreibst aber St/st und Sp/sp.

3. Erfinde Zungenbrecher mit St/st und Sp/sp am Wortanfang.

sparen Stange stellen Stift Stunde Minute

Ferien in Großbritannien

Zu Großbritannien zählen England, Schottland, Wales und Nordirland. Man sagt, in Großbritannien muss man nie länger als zwei Stunden fahren, um zur Küste zu kommen. Jedes Jahr machen immer mehr Leute Ferien dort. Eltern nehmen ihre Kinder mit, weil es Spaß macht, da zu wandern. An der Küste weht vom Meer oft ein kalter Wind und die Pfade sind steinig und steil. Deshalb sollte man feste Schuhe tragen. Die Ohren schützt man am besten mit einer Mütze. Wer aber einmal die britischen Küstenwege entlang gewandert ist, fährt gerne wieder hin.

1. Was haben alle Länder Großbritanniens gemeinsam?
2. Wo machst du gerne Ferien? Begründe.
3. Schreibe alle Wörter mit -ah-, -äh-, -eh-, -ih-, -oh-, -uh- heraus.
4. Sprich die Wörter. Was fällt dir auf?
5. Markiere die schwierige Stelle in den Wörtern.

kalt   fahren – fährt   Jahr   Ohr   Schuh – Schuhe

Hopscotch

Betty spielt mit ihrer Freundin Kitty gern Hopscotch.
Das ist ein englisches Hüpfspiel.

Auf dem Schulhof malen sie mit Kreide ein Spielfeld auf und schreiben die Zahlen von 1 bis 8 hinein. Dann wirft Kitty ein Steinchen auf das Feld. Sie versucht, auf einem Bein bis zu diesem zu hüpfen. Dabei darf sie nicht auf einen Strich treten, sonst hat sie verloren! Am Ende zählt sie die gewonnenen Punkte zusammen. Dann ist Betty an der Reihe.

- Schreibe für deine Freundin oder deinen Freund auf, wie das Spiel gespielt wird. So kannst du anfangen:
  Male mit Kreide …
  Schreibe …

- Schreibe die Spielregeln für ein anderes Spiel auf, das du kennst. Versuche dann, es mit jemandem zu spielen.

Englische Reime

One, two.
I see you!
One, two, three
you see me!

Eins, zwei.
Ich seh dich!
Eins, zwei, drei,
du siehst mich!

Snow is white,
grass is green.
You are king,
I am queen.

Schnee ist weiß,
Gras ist grün.
Du bist König,
ich bin Königin.

Limerick

There was a young lady of Riga
Who rode with a smile on a tiger.
They returned from the ride
With the lady inside
And the smile on the face of the tiger.

Rudyard Kipling

Es lebte 'ne Dame in Riga.
Die ritt mit 'nem Lächeln 'nen Tiger.
Als nach Hause sie reist',
ward s' vom Tiger verspeist
und das Lächeln, das trug nun der Tiger.

Nachdichtung von Camilla Kloos

Briefe von Felix

Felix heißt Sophies Kuschelhase.
Leider hat sie ihn auf dem Flughafen verloren.
Heute aber kommt ein Brief von ihm.

LONDON, IM AUGUST

LIEBE SOPHIE,

LEIDER HABE ICH DICH IM FLUGHAFEN VERLOREN. ABER BITTE MACH DIR KEINE SORGEN UM MICH! MIR GEHT ES GUT. ICH BIN IN EIN FALSCHES FLUGZEUG GESTIEGEN. DAS FLOG ABER NICHT NACH HAUSE, SONDERN NACH LONDON. HIER GIBT ES EINE VIERECKIGE BURG AN EINEM FLUSS, ABER DER FLUSS IST GANZ SCHÖN DRECKIG! ES GIBT AUCH EINEN GROßEN PALAST, DA STEHEN VIELE MÄNNER MIT SELTSAMEN MÜTZEN VOR. SO EINE MÜTZE WÜRDEST DU NICHT MAL IM WINTER ANZIEHEN. UND NOCH ETWAS IST KOMISCH, ALLE REDEN HIER GANZ ANDERS.

ICH MELDE MICH BALD WIEDER,
DU FEHLST MIR, DEIN

FELIX

Sophie kann es kaum glauben. Ein echter Brief von ihrem Felix! Erst macht ihr Herz einen Riesensprung, dann drückt sie den Brief fest an sich. Als Nächstes umarmt sie Mama, holt tief Luft und brüllt: „Lena, Nicolas, Julius, seht euch das an!“ Als Papa von der Arbeit nach Hause kommt, darf er auch den Brief lesen und staunt nicht schlecht. „So, so, so“, sagt er, „der Ausreißer ist also in London gelandet! Das ist die Hauptstadt von England.“ – „Wie viele Menschen wohnen in einer Hauptstadt?“, fragt Sophie und möchte nun ganz genau wissen, wo ihr Felix steckt.

Mit Papa schaut sie im Lexikon unter LONDON nach. Tatsächlich, da steht: „Hauptstadt Englands und Nordirlands, liegt beiderseits der Themse, sieben Millionen Einwohner, königliche Residenz, rund 1600 Kirchen und Kapellen, Festungsanlage ‚Tower of London‘, Parlamentsgebäude, im 14. Jahrhundert eine der größten Städte Europas.“

Annette Langen/Constanza Droop

- Was erfährst du über London?
- Sammelt weitere Informationen. Benutzt dazu ein Lexikon oder das Internet. Ihr könnt auch ein Plakat gestalten. S. 15

Spuk im Schloss

In den Ferien durften Peter und Caroline ihren Onkel Arthur besuchen. Er lebt als Verwalter auf einem alten englischen Schloss.

„In alten Schlössern gibt es doch Gespenster, oder?“, fragte Caroline beim Abendessen. „Wir haben hier nur unseren alten Henry“, lachte der Onkel. „Das ist ein alter Geist, der niemandem etwas tut. Der geht nur manchmal durch die Gänge und rasselt ein bisschen mit seinen Ketten.“ „Was? Wirklich?“, staunten die Kinder. Peter stieß Caroline an und sagte: „Onkel Arthur will uns nur verulken. Geister gibt’s doch gar nicht!“ Onkel Arthur sagte nichts.

Nach dem Abendessen flüsterte Peter Caroline zu: „Weißt du was? Heute Nacht bleiben wir beide wach. Diesen Geist will ich doch mal sehen!“ „Wir dürfen doch nicht so lange aufbleiben“, sagte Caroline erschrocken. „Wir tun doch niemandem was“, antwortete Peter.

Also trafen sich die Kinder auf dem oberen Gang. Sie hatten sich extra warm angezogen, um nicht zu frieren. Dennoch war es ziemlich kühl und ungemütlich. Langsam wurden sie müde.

Plötzlich hörten sie ein Geräusch. Peter war auf einmal hellwach. „He, Caro, hörst du das auch?“, flüsterte er aufgeregt. Caroline nickte nur stumm und zitterte. Das scharrende Geräusch kam näher. Caroline hielt sich die Ohren zu.

Da! Um die Ecke des Ganges schwebte ein weißer Mann, der seinen Kopf in der Hand hielt und eine Kette hinter sich her zog. Er summte leise vor sich hin. Peter und Caroline waren vor Entsetzen stumm. Das Gespenst winkte ihnen zu und der Kopf lächelte freundlich unter dem Arm hervor. Dann verschwand es durch die nächste Wand.

Die Kinder sausten so schnell sie konnten in ihre Betten. Fürs Erste hatten sie von Gespenstern genug gesehen!

Ute Schimmler

- Erzähle die Geschichte mit eigenen Worten.
- Beschreibe das Gespenst genau.
- Du kannst auch eine eigene Gespenstergeschichte schreiben. Beginne so: *Eines Nachts …*

Alice im Wunderland

Angefangen hatte es damit,
dass Alice recht neugierig war.
Und als eines Tages
ein weißes Kaninchen vorbeihüpfte,
eine Uhr aus der Westentasche zog
und dabei noch seufzte:
„Jeje, ich komme zu spät zur Königin!“,
rannte sie ihm nach, denn so etwas
konnte sie sich doch nicht
entgehen lassen.

Doch das Kaninchen schlüpfte
in eine Höhle hinein, Alice hinter ihm her,
und auf einmal sauste sie hinab in ein Loch
und rutschte immer tiefer
und wurde dabei immer kleiner
und kleiner –
bis sie nur noch ein wenig größer war
als drei Daumen.

Dann flog sie sanft, ganz sanft
wie eine Schneeflocke hinab.
Das Kaninchen aber kroch aus dem
unterirdischen Gang wieder heraus,
niemand weiß wohin,
und Alice blieb allein zurück.
Sie war ins Wunderland geraten.

Alice gelangte in einen Wald
und sah dort einen schönen Pilz,
auf dem sich eine Raupe
niedergelassen hatte.

Gekürzte Fassung nach Lewis Carroll

- Was könnte Alice mit der Raupe erleben?

Wie ein listiger Sperling sein Leben rettete

Es flog einmal ein Sperling
auf den Misthaufen eines Bauern.
Da kam der Kater,
erwischte den Sperling,
trug ihn fort
und wollte ihn verspeisen.

Der Sperling aber sagte:
„Kein Herr hält sein Frühstück,
bevor er sich den Mund
gewaschen hat.“

Das nahm der Kater
sich zu Herzen,
setzte den Sperling auf den Boden
und begann, sich mit der Pfote
den Mund zu waschen.
Doch da flog ihm
der Sperling davon.

Das ärgerte den Kater furchtbar,
und er sagte bitter:
„Solange ich lebe,
werde ich zuerst frühstücken
und dann den Mund abwaschen.“
Und so macht er es
bis zu dieser Stunde.

Englische Fabel

ÜBUNGEN

Englische Wörter

Computer	Baby	Pullover	Teddy

❶ Erkennst du die Wörter? Schreibe sie richtig auf.
Kontrolliere mit der Wörterliste.

Englische Namen

	George	Clare	Ann	Henry	Charles	Mary
	Anna	Georg	Heinrich	Maria	Klara	Karl

❷ Viele Namen gibt es auf Englisch und auf Deutsch.
Finde heraus, welche der Namen zusammengehören.

❸ Schreibe sie nach dem Alphabet geordnet auf: *Ann – Anna, …*

❹ Den Namen Georg gibt es auch auf Französisch, auf Italienisch oder auf Spanisch:

George	Giorgio	Jorge

❺ Ihr könnt eure Lehrerin fragen, wie Namen in den anderen Sprachen ausgesprochen werden.

d oder t?

▒ragen ▒onnern ▒urnen ▒anken ▒rinken ▒enken

❻ Schreibe die Tunwörter richtig auf.

❼ Unterstreiche den Wortstamm.

Zusammengesetzte Namenwörter

1. Setze jeweils zwei Namenwörter zusammen.
   Schreibe so: *der Finger, der Nagel: der Fingernagel, …*

2. Stelle ähnliche Rätsel.

3. Bilde zusammengesetzte Namenwörter mit „Haus“.

4. Kannst du diese Unsinnwörter erraten? Schreibe auf:
   Notenschlüssel + Schlüsselbrett = Notenschlüsselbrett

5. Erfinde selbst „neue“ Wörter.

ÜBUNGEN

Satzarten – Satzzeichen

Guten Morgen Elisabeth __	Guten Morgen, Frau Fischer __	Alles Gute zum Geburts-tag __	Kann ich bitte dein Lineal borgen __
Entschuldi-gung, Michi __	Vielen Dank __	Au, pass doch auf __	Natürlich __ Hier ist es __

1. Welche Sätze gehören zusammen? Schreibe die Sätze in dein Heft. Ergänze die Satzzeichen:
   Guten Morgen, Frau Fischer! – Guten Morgen, Elisabeth!

Wörter mit St

2. Schreibe die Namenwörter auf. Kontrolliere mit der Wörterliste.

Silbenrätsel

1. __ spenster 2. __ land 3. __ garten
4. __ lett 5. __ uhr 6. __ schrecken 7. __ ter

Irr-	er-	Turm-	Ske-	Ge-	Eng-	Rit-

3. Setze die Silben richtig ein. Schreibe die Wörter in dein Heft.

4. Schreibe jeweils den ersten Buchstaben jedes Wortes hintereinander auf. Welches Lösungswort entsteht?

5. Erfinde ähnliche Rätsel.

ÜBUNGEN

Lang und kurz gesprochene Selbstlaute

Schafe	Hüte	wenn	schaffe	Schal	wen	Hütte	Schall

1. Schreibe die Wörter paarweise ab. Markiere die kurz und lang gesprochenen Selbstlaute: *Schafe – schaffe, …*

Namenwörter mit doppeltem Mitlaut

Him-	Rat-	Pap-	Rit-	Wel-	Wol-	Map-
Wat-	Pup-	Hum-	Sup-	Ret-	Mat-	Rol-

-pe	-ter	-mel	-te	-le

2. Aus je einer oberen und einer unteren Silbe kannst du ein Namenwort bilden. Schreibe so: *Him-mel: der Himmel, …*

3. Einige Wörter reimen sich. Schreibe sie mit Begleiter untereinander auf.

Reime

Flocken, die klappen,
Echos, die wippen,
Vögel, die klingen,
Flöten, die schwimmen,
Kinder, die hallen,

Schaufeln, die singen,
Türen, die tappen,
Füße, die schippen,
Boote, die fallen –
kann das so stimmen?

4. Was ist hier durcheinander geraten? Schreibe das Gedicht richtig auf.

5. Trenne die Tunwörter. Schreibe so: *klappen: klap-pen, …*

ÜBUNGEN

Wörter mit Sp/sp am Wortanfang

1. Erkennst du die Wörter?
   Schreibe sie auf! Kontrolliere mit der Wörterliste.

TomundBettysindganznormaleGeschwister.
Manchmalstreitensiesichundmanchmalspielensiezusammen.
Bettykommtoftzuspät,weilsieihreSachensucht.
Spinnenmagsienicht. DafürliebtsieSpatzen.
TomsLieblingstieristseinSparschwein.
BeideliebenSpagettiundspannendeSportsendungen.

2. Schreibe den Text mit den richtigen Wortgrenzen auf.
3. Unterstreiche alle Wörter mit Sp/sp.
4. Übe den Text als Schleichdiktat. S. 99

Wörter mit Dehnungs-h

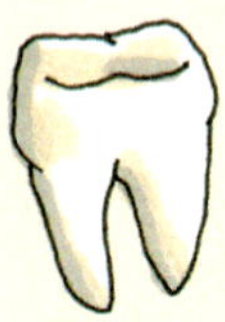
anhZ

hUr

rekrehV

5. Schreibe die Wörter richtig auf.
6. Markiere die schwierige Stelle farbig.

ÜBUNGEN

Briefe von Felix S. 136

Sophie hat Felix auf dem Bahnhof verloren.
Sophie hat Felix auf dem Flughafen verloren.

Sophie schaut im Lexikon nach.
Sophie schaut im Wörterbuch nach.

Die Hauptstadt von England ist London.
Die Hauptstadt von England ist Europa.

1. Schreibe die zutreffenden Sätze auf.

Spuk im Schloss S. 138

	ja	nein
Peter und Caroline besuchten ihren Onkel Arthur.	H	F
Ihm gehört ein englisches Schloss.	L	A
Der Geist im Haus heißt Henry.	U	L
Peter und Caroline wollten nachts wach bleiben.	S	K
Sie trafen sich auf dem unteren Gang.	K	G
Das Gespenst hatte eine Kette um den Hals.	P	E
Das Gespenst summte leise.	I	N
Es verschwand durch eine Wand.	S	K
Es löste sich in Luft auf.	O	T

2. Welche Sätze sind richtig, welche falsch?
Schreibe die dazugehörigen Buchstaben auf.
Sie ergeben ein Lösungswort.

Erzählte Zeit

Annas Großmutter erzählt

„Als ich ein Kind war, habe ich gleich nach der Schule ganz schnell meine Hausaufgaben gemacht. Dann bin ich zum Spielen nach draußen gelaufen. Alle Kinder aus meinem Ort haben sich immer auf einer großen Wiese getroffen. Dort konnte man prima Fangen spielen. Ab und zu hatte ein Kind auch einen Ball dabei. Wir Mädchen haben wunderschöne Kränze aus Blumen gebunden, während die Buben auf Bäume geklettert sind. Ganz in der Nähe gab es auch einen Teich, auf dem wir Papierschiffe fahren ließen.
Manchmal haben die Buben Frösche gefangen, um uns Mädchen damit zu erschrecken. Bei Regen habe ich daheim mit meiner Puppe oder meinen Holztieren gespielt. Leider hatte ich nicht immer so viel Zeit zum Spielen, da ich meiner Mutter im Haushalt helfen oder auf meine kleinen Geschwister aufpassen musste.“

1. Wie verbrachte Annas Großmutter ihre Freizeit?

2. Frage deine Großeltern, was sie in ihrer Freizeit gemacht haben. Schreibe die Antworten auf.

Regen Blume Mädchen

Anna erzählt

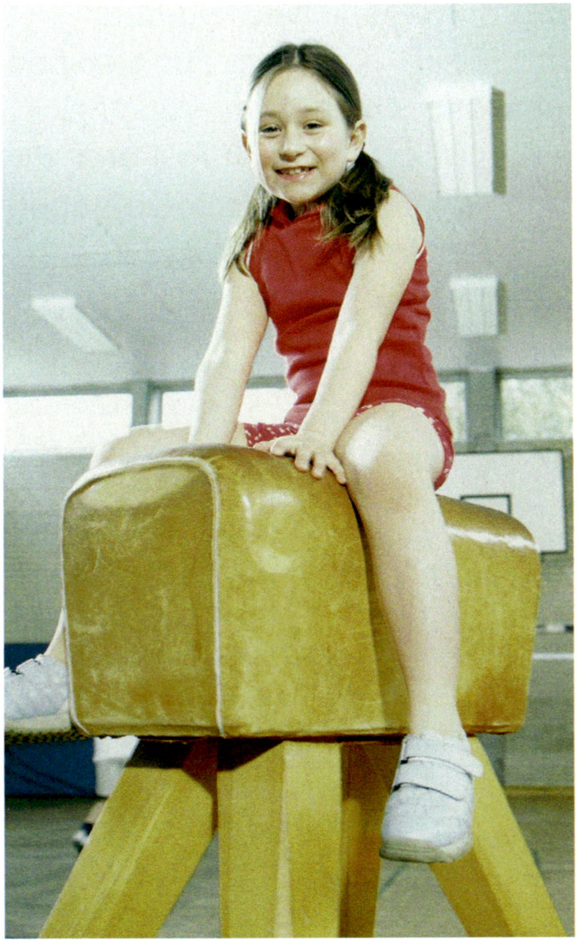

„Wenn ich mittags von der Schule nach Hause komme, mache ich gleich meine Hausaufgaben. Dann habe ich an jedem Nachmittag etwas anderes vor. Am Montag und am Mittwoch gehe ich zum Turnen. Das macht richtig Spaß! Den Dienstagnachmittag verbringe ich immer mit meiner besten Freundin. Ganz besonders freue ich mich aber auf den Donnerstag, denn an diesem Tag besuche ich einen Flötenkurs in der Musikschule. Am Freitag erledige ich mit meiner Mutter die Einkäufe für das Wochenende. Am Samstag und am Sonntag müssen meine Eltern nicht arbeiten und wir unternehmen gemeinsam etwas.“

1. Lege eine Tabelle an. Notiere in Stichpunkten, was Anna an den verschiedenen Wochentagen macht.

Montag	Dienstag	Mittwoch	Donnerstag	Freitag	Samstag	Sonntag

2. Vergleiche Annas Freizeit mit der ihrer Großmutter.
   Mit wem würdest du lieber tauschen? Begründe deine Meinung.

3. Erstelle deinen eigenen Freizeitplan.

Montag Dienstag Mittwoch Donnerstag

Freitag Samstag Sonntag

Ein Sommertag vor 100 Jahren

Peters Vater ist schon seit vier Uhr auf dem Feld. Peter steht um halb fünf auf, mistet den Stall aus und füttert die Kühe. Zur gleichen Zeit weicht seine Schwester die Wäsche ein. Nach dem Frühstück wollen seine Mutter und seine Tante die Wäsche waschen. Peter geht dann zur Schule. Nur am Sonntag ist kein Unterricht. Da gehen alle in die Kirche. Nachmittags muss Peter Holz hacken. Am Abend essen alle aus einer großen Schüssel Haferbrei.

Später erzählt sein Großvater Märchen und die Mutter flickt Hosen und Socken. Sein Bruder und sein Onkel schnitzen Holzlöffel.

1. Schreibe auf, wer bei der Arbeit hilft.
   Diese Personen kannst du mit einem einzigen Namenwort zusammenfassen. Findest du einen passenden Begriff?

Begriffe, die zusammenfassen, was zusammengehört, heißen **Sammelnamen.** Sammelnamen helfen uns beim Ordnen. Du kannst dich damit knapp ausdrücken. **Wäsche:** Hosen, Socken …

Was Babsis Oma früher erlebt hat, liest du auf S. 162.

Feld – Felder | Schwester | Bruder | Mutter
Vater | Tante | Onkel | waschen – wäscht

Ein Sommertag heute

Während der Woche steht Peter um halb sieben auf. Er frühstückt mit seinen Eltern und seiner Schwester. Dann packt er seine Schulsachen und geht zur Schule. Seine Eltern bringen seine Schwester in den Kindergarten. Danach fahren sie zur Arbeit. Peters Mutter ist Arzthelferin. Sein Vater arbeitet in einem Büro. Um 17 Uhr sind sie immer zu Hause. Deshalb geht Peter zum Mittagessen zu seinen Großeltern. Heute gibt es Gemüse aus dem Garten.

Am Nachmittag macht Peter Hausaufgaben.
Danach spielt er mit seinem Spielzeug oder trifft seine Freunde.
Am Wochenende unternimmt die ganze Familie etwas gemeinsam.

1. Vergleiche die beiden Texte.
   Welches Kind möchtest du lieber sein?
   Begründe deine Meinung.

2. Finde passende Beispiele zu drei Sammelnamen aus dem Text.
   Schreibe so:
   Schulsachen: Federmappe, Lineal, ...
   Gemüse: Kohlrabi, ...
   Spielzeug: ...

Familie Gemüse arbeiten Eltern Woche

Märchen

Jakob und Wilhelm Grimm waren Brüder.
Jakob lebte von 1785 bis 1863,
Wilhelm von 1786 bis 1859.
Damals gab es kein Fernsehen.
Deshalb erzählten sich die Leute
abends Geschichten von Zwergen,
Hexen und Zauberern.
Die Brüder Grimm liebten diese Märchen.
Aber sie befürchteten, dass die Menschen
die Märchen vergessen könnten.
Denn sie wurden nur weitererzählt,
aber nirgends aufgeschrieben.
Darum beschlossen sie, die Märchen,
die sie hörten, zu sammeln.
Im Jahr 1812 gaben Jakob und Wilhelm Grimm
die „Kinder- und Hausmärchen" heraus. Wenn du mehr über
Märchen erfahren willst, schlage im Lexikon nach.

1. Warum gaben die Brüder Grimm die „Kinder- und Hausmärchen" heraus?
2. Welche Bedeutung haben Märchen heute?
3. Im Text findest du zwei Wörter mit x. Schreibe sie mit Begleiter auf. Worauf musst du beim Schreiben achten?

Bei Wörtern mit x hörst du ks, musst aber x schreiben.

4. Kennst du noch andere Wörter mit x? Schreibe sie in dein Heft. Kontrolliere im Wörterbuch.

Lexikon Hexe

Märchen-Zahlen

Hat der Wolf denn die sieben Geißlein gefressen?

... musste sie wirklich 100 Jahre schlafen?

Hatte der Teufel wirklich drei goldene Haare?

Hat es die Prinzessin geschafft, ihre zwölf Brüder zu retten?

1. Von welchen Märchen ist hier die Rede?
   Schreibe ihre Namen auf und erzähle sie kurz nach.

2. Welche Zahlen kommen in diesen Märchen vor?

**Zahlen bis zwölf schreibst du in Texten aus.
Zahlwörter schreibst du klein.**

3. Schreibe die Zahlen von oben als Zahlwörter und mit Ziffern auf.
   Ergänze alle fehlenden Zahlen bis zwölf.

4. Kennst du noch andere Märchen, in denen Zahlen eine besondere Bedeutung haben?

Zahl eins zwei drei vier fünf sechs
sieben acht neun zehn elf zwölf

Rotkäppchen

Es war einmal ein Mädchen, das hatte jeder lieb, der es nur ansah. Weil es immer ein rotes Käppchen trug, wurde es von allen nur Rotkäppchen genannt. An einem schönen Tag sagte seine Mutter zu ihm: „Trag diesen Korb mit Kuchen und Wein zur Großmutter. Sie ist krank und wird damit sicher bald gesund. Bleib aber immer schön auf dem Weg und hab Acht vor dem bösen Wolf. Sag der Großmutter viele Grüße!“ Rotkäppchen nahm den Korb in die Hand und lief los …

1. Wie geht das Märchen weiter? Erzähle.
2. Lies den Text laut. Sprich die unterstrichenen Wörter besonders deutlich. Was fällt dir auf?

Stehen b, d und g am Ende eines Wortes, hörst du meist p, t und k.

3. Finde Reimwörter zu den unterstrichenen Wörtern. Schreibe so: *Hand – Land, …*

Weg – Wege   Tag – Tage   gesund – gesunde

Eine Märchenerzählerin zu Besuch

Heute ist ein besonderer Tag für Anna. Die Märchenerzählerin Nesrin kommt in ihre Klasse. Sie sieht etwas fremd und merkwürdig aus: Ihr Kleid ist weit und der dünne Stoff leuchtet so gelb wie eine Sonnenblume. Dazu passt ihre dunkle Haut sehr gut. Alle Kinder sind ganz leise. „Sag mir dein Lieblingsmärchen“, bittet Nesrin Anna. Anna antwortet: „Am liebsten mag ich Frau Holle.“ Da beginnt Nesrin zu erzählen. Die Wörter aus ihrem Mund hören sich wie ein wunderschönes Lied an. Als das Märchen zu Ende ist, klatschen alle begeistert.

1. Zeichne eine Tabelle und trage die unterstrichenen Wörter ein.

Namenwörter	Tunwörter	Wiewörter

2. Verlängere die Wörter aus der Tabelle. Sprich deutlich.

Wenn du nicht weißt, wie ein Wort am Wortende geschrieben wird, verlängere es.
Namenwörter: Bilde die Mehrzahl. (Tag – Tage)
Tunwörter: Bilde die Grundform. (sag – sagen)
Wiewörter: Ergänze ein passendes Namenwort. (fremd – die fremde Frau)

kal_ ro_ gesun_ gel_ lie_

Mon_ Bro_ Ta_ Sta_ Gel_ Pfer_

3. Schreibe die Wörter ab. Setze d oder t, b oder p und g oder k ein. Verlängere die Wörter, wenn du unsicher bist.

fremd Kleid – Kleider gelb – gelbe bitten

Wer bin ich?

Ich habe die goldene Kugel der Prinzessin aus dem Brunnen geholt. Als sie mir dafür den versprochenen Kuss nicht geben wollte, bin ich ihr kreuz und quer durch das Schloss gefolgt. Sie hat sich vor mir geekelt, weil ich so laut quake und mich wie eine Qualle anfühle. Am Ende hat sie mich doch noch von meiner Qual erlöst.

1. Welche Märchenfigur wird hier beschrieben?
2. Im Text findest du vier Wörter mit Qu/qu. Schreibe sie auf.
3. Sprich die Wörter deutlich. Was fällt dir auf?

Bei Wörtern mit Qu/qu hörst du kw, schreibst aber Qu/qu.

4. Falte aus einem Quadrat einen Frosch. Erkläre, wie du das machst.

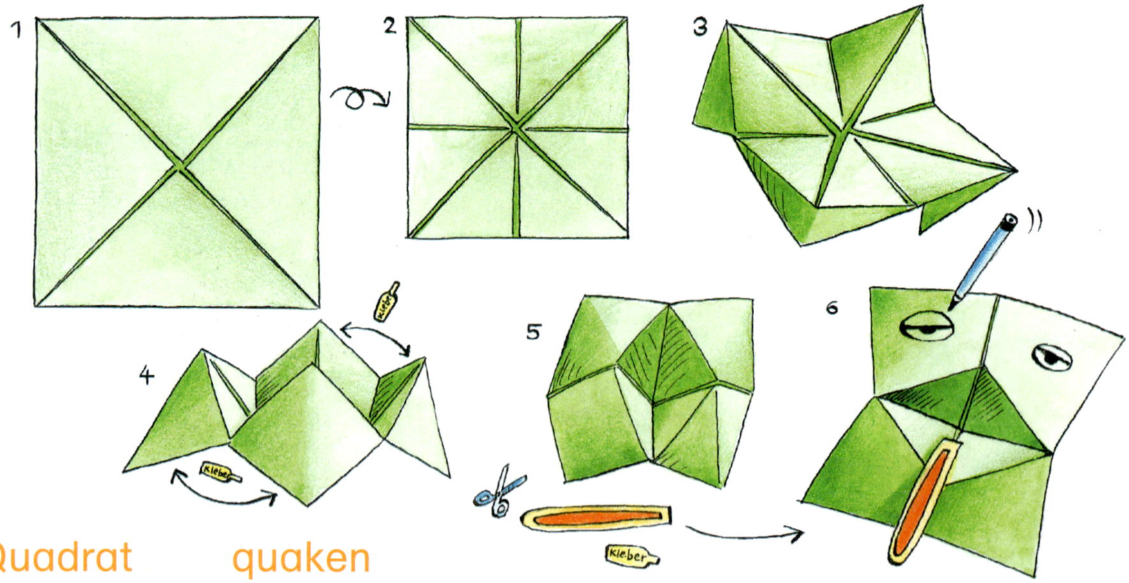

Quadrat quaken

Der Zaubervogel

Es war einmal ein Mädchen, das lebte in einer ärmlichen Hütte am Waldrand. Es besaß nicht viel. Jeden Tag ging das Mädchen in die Stadt. Dort versuchte es, Veilchen zu verkaufen. Doch das Geld, das es damit verdiente, reichte gerade einmal für ein bisschen trockenes Brot. Weil es ein gutes Herz hatte, teilte es das Brot mit einem Vogel, der jeden Tag vor seiner Tür saß. Eines Tages wartete das Mädchen vergeblich auf das kleine Tier. Plötzlich stand ein junger Prinz vor dem Mädchen. Er sagte zu ihm: „Genau vier Jahre lang hast du für mich gesorgt und mir von deinem Brot gegeben, obwohl du selbst kaum etwas hattest. So hast du mich gerettet, denn eine Hexe hatte mich einst verwünscht.“ Der Prinz nahm das Mädchen mit auf das Schloss seines Vaters und die beiden waren glücklich bis an ihr Ende.

1. Schreibe alle Wörter mit V/v aus dem Text auf.
2. Lies die Wörter noch einmal laut. Was fällt dir auf?
3. Bilde neue Sätze mit den V/v-Wörtern. Schreibe sie auf.

viel vor vom Geld versuchen

Die Bremer Stadtmusikanten

1 Erzähle das Märchen. Wie fängst du an?

nach Bremen gehen | Stadtmusikant werden | Tiere werden müde

Tiere sehen von fern ein Licht | Räuberhaus

Esel, Hund, Katze und Hahn stellen sich aufeinander

Konzert | Räuber fliehen | Tiere sitzen gemütlich am Tisch

2 Schreibe das Märchen auf. Die Wortgruppen helfen dir.
Du kannst das Märchen auch am Computer gestalten.

Briefe aus dem Märchenland

Ihr Lieben,
nun sind wir endlich wieder bei unserem Vater zu Hause. Die Tage im Lebkuchenhaus waren wirklich schrecklich. Auch auf dem Heimweg hatten wir Probleme. Ohne die Enten wären wir sicher nicht so schnell über den See gekommen, denn ein Boot war nirgend zu sehen.

Liebe Grüße von …

Lieber Papa,
ich fühle mich hier sehr wohl. Meine sieben kleinen Freunde sorgen gut für mich. Es ist nur etwas mühsam, den Tee aus so winzigen Tassen zu trinken. Noch immer sehe ich so aus, wie es sich meine Mutter einmal gewünscht hat: Lippen so rot wie Blut, Haut so weiß wie Schnee und Haare so schwarz wie Ebenholz.

Ich denke an dich, dein …

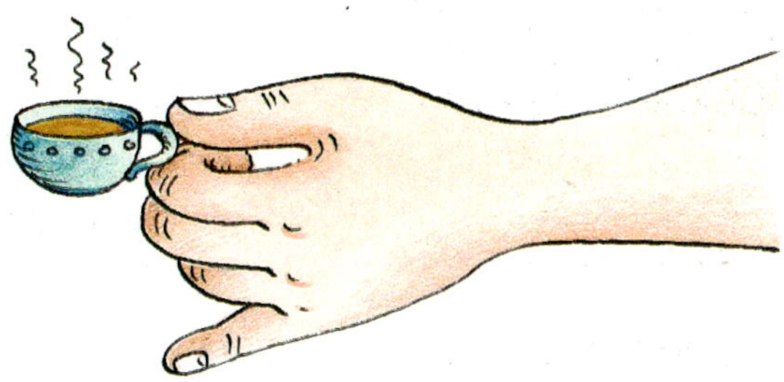

1. Findest du heraus, wer diese Briefe geschrieben hat? Begründe.
2. In den Briefen sind Wörter mit doppeltem Selbstlaut versteckt. Schreibe sie auf.
3. Schreibe einen Brief aus dem Märchenland.

Haut – Häute Schnee Boot Haare

Und vorher?

„Erzähl mir was von der Oma“, sagte Babsi.
„Die Oma ist tot“, sagte der Vater. „Das weißt du doch.“
„Aber vorher“, sagte Babsi.
„Vorher war sie eine alte Frau.
Sie hat auf einem Stuhl in der Sonne gesessen.
Und wenn es regnete, saß sie am Fenster.“
„Und vorher?“, fragte Babsi.
„Vorher hat der Opa noch gelebt.
Da hat die Oma jeden Tag eingekauft.
Sie haben ferngesehen, und die Oma hat
für den Opa seine Brille gesucht.“
„Und vorher?“, fragte Babsi.
„Vorher ist die Oma mit dem Opa öfter verreist.
Und eines Tages hat ihr Sohn gesagt, dass er
jetzt nicht mehr so früh nach Hause kommen will.“
„Und vorher?“, fragte Babsi.
„Vorher hat die Oma mich in die Schule gebracht.
Ich bin ja ihr Sohn.
Auf dem Rückweg hat sie sich ein Eis gekauft
und hat es auf der Straße gegessen.
Manchmal ist sie mit dem Opa ins Theater gegangen.
Und hin und wieder haben sie gestritten.“

„Und vorher?“, fragte Babsi.

„Vorher ist die Oma eine Mutter geworden, und sie war froh darüber. Aber in dem Jahr hat sie zum ersten Mal nicht zum Karneval gehen können, weil sie auf ihr Kind aufpassen musste.“

„Und vorher?“, fragte Babsi.

„Vorher hat die Oma den Opa geheiratet. Da haben sie sich oft lange in die Augen gesehen. In den Nächten haben sie eng beieinander gelegen.“

„Und vorher?“, fragte Babsi.

„Vorher ist die Oma ein junges Mädchen gewesen, mit einer ganz glatten Haut. Sie ist gerne mit dem Fahrrad gefahren. Einmal war sie in Wien.“

„Und vorher?“, fragte Babsi.

„Vorher war die Oma ein Kind. Sie hat einen Hund gehabt, der Jippi hieß. Mit fünf ist sie in den Fluss gefallen und beinah ertrunken. Am liebsten hat sie Perlen auf lange Fäden aufgezogen.“

„Und vorher?“, fragte Babsi.

„Vorher ist die Oma geboren worden“, sagte der Vater. „Sie ist aus dem Bauch ihrer Mutter auf die Welt gekommen und war ein winzig kleines Kind. Ja, und damit fing alles an.“

Gina Ruck-Pauquèt

Der Ulmer Spatz

Ulm ist eine Stadt an der Grenze zwischen Bayern und Baden-Württemberg. Von dort wird folgende Geschichte erzählt:

Vor vielen Jahren benötigte man in der Stadt für den Bau des Ulmer Münsters Holzbalken. Die Arbeiter legten dazu die Balken quer auf die Wagen und wollten sie so durch das Stadttor bringen. Das Tor war aber für die langen Balken zu eng.
Nun beratschlagten sie und redeten lange, wie sie dieses Problem lösen könnten. Sie studierten Bücher, aber sie konnten die Lösung nirgendwo finden. Nach vielen Vorschlägen stritt man zuletzt nur noch darüber, was besser sei: die Balken kürzer oder das Tor breiter zu machen.

Die Unruhe wurde immer größer. Da erblickte plötzlich einer der Arbeiter einen Spatz. Dieser wollte an einem Turm ein Nest bauen. Der Spatz hatte einen Strohhalm quer im Schnabel. Vor dem Eingang zu seinem Nest drehte er den Halm so lange, bis er die Halmspitze zuerst ins Nest bringen konnte.
„Da haben wir die Lösung unseres Problems!“, rief der Arbeiter den anderen zu und erzählte ihnen, was er beobachtet hatte.
Sie legten das Bauholz nun der Länge nach auf den Wagen und siehe da – es klappte!

Auf dem Dach des Ulmer Münsters ist deshalb heute noch ein Spatz zu sehen. Man sagt, dass seit dieser Zeit Spätzle 📖 die Lieblingsspeise der Ulmer sind.

Volksgut

Wie es kam, dass der Hamster den Tiger fraß

Alle Tiere lebten in einem Garten zusammen. Eines Tages erschraken sie über das Schmerzgebrüll des Tigers.

„Was ist los?“, fragte der Hase den Vogel Strauß, der neben dem Tiger wohnte. „Der Hamster hat den Tiger in den Schwanz gebissen“, antwortete der Strauß, der es gesehen hatte.

„Was ist los?“, fragte das Zebra den Hasen, dessen Nachbar es war. „Der Hamster hat dem Tiger ein Stück vom Schwanz abgebissen“, antwortete der Hase.

„Was ist los?“, fragte die Giraffe das Zebra. „Der Hamster hat dem Tiger den Schwanz abgebissen.“

„Was ist los?“, fragte der Elefant seine Nachbarin, die Giraffe. „Der Hamster hat von rückwärts den Tiger angefressen“, antwortete die Giraffe.

„Was ist los?“, fragte das Kamel den Elefanten. „Der Hamster hat den Schwanz und die Hinterbeine des Tigers gefressen“, antwortete der Elefant.

„Was ist los?“, fragte der Bär das Kamel. „Der Hamster hat den halben Tiger gefressen.“

„Was ist los?“, fragte das Pony. „Der Hamster hat den Tiger gefressen, und es ist nur noch ein Stück von ihm da“, antwortete der Bär.

„Was ist los?“, fragte das Nashorn. „Der Hamster hat den Tiger bis auf den Kopf gefressen“, antwortete das Pony.

„Was ist los?“, fragte die Antilope. „Der Hamster hat den Tiger samt dem Kopf gefressen“, antwortete das Nashorn.

So kam es, dass der Hamster den Tiger fraß.

Ursula Ziebarth

- Lest den Text mit verteilten Rollen.
- Wie kam es zu dem Missverständnis, dass der Hamster den Tiger fraß?
- Ihr könnt die Geschichte auch nachspielen.

Das Rübenziehen

Väterchen hat Rüben gesät. Er will eine Rübe herausziehen, er packt sie beim Schopf, er zieht und zieht und kann sie nicht herausziehen.

Väterchen ruft Mütterchen. Mütterchen zieht Väterchen, Väterchen zieht die Rübe, sie ziehen und können sie nicht herausziehen.

Kommt das Enkelchen: Enkelchen zieht Mütterchen, Mütterchen zieht Väterchen, Väterchen zieht die Rübe, sie ziehen und ziehen, können sie nicht herausziehen.

Kommt das Hündchen: Hündchen zieht Enkelchen, Enkelchen zieht Mütterchen, Mütterchen zieht Väterchen, Väterchen zieht die Rübe, sie ziehen und ziehen, können sie nicht herausziehen.

Kommt das Hühnchen: Hühnchen zieht Hündchen, Hündchen zieht Enkelchen, Enkelchen zieht Mütterchen, Mütterchen zieht Väterchen, Väterchen zieht die Rübe, sie ziehen und ziehen, können sie nicht herausziehen.

Kommt das Hähnchen: Hähnchen zieht Hühnchen, Hühnchen zieht Hündchen, Hündchen zieht Enkelchen, Enkelchen zieht Mütterchen, Mütterchen zieht Väterchen, Väterchen zieht die Rübe, sie ziehen und ziehen – schwupps, ist die Rübe heraus und das Märchen ist aus.

Volksgut aus Russland

- Dieses Märchen könnt ihr nachspielen.

Die Prinzessin auf der Erbse

Es war einmal ein Prinz, der wollte eine Prinzessin heiraten, aber eine echte Prinzessin. Da reiste er in der ganzen Welt umher, um eine zu suchen. Es wollte ihm jedoch nicht gelingen, eine zu finden. Als er schließlich ins Schloss zurückkehrte, war er sehr traurig.
Eines Abends gab es ein schreckliches Unwetter. Da klopfte es ans Burgtor. Die alte Königin ging selbst, um es zu öffnen. Draußen stand eine Prinzessin. Das Wasser tropfte ihr aus den Haaren, lief an den Kleidern hinunter, in die Schuhe hinein und an den Absätzen wieder heraus. Und dabei sagte sie, dass sie eine echte Prinzessin sei. „Das werden wir ja sehen“, dachte die alte Königin. Aber sie sagte nichts, ging nach oben in die Schlafkammer, nahm das Bettzeug und die Matratze ab und legte eine Erbse auf den Boden des Bettes. Dann ließ sie zwanzig Matratzen holen und übereinander auf die Erbse stapeln. Und auf die zwanzig Matratzen wurden noch zwanzig weiche Daunendecken gelegt. Hier sollte die Prinzessin nun in der Nacht schlafen. Am nächsten Morgen fragte die Königin die Prinzessin, wie sie geschlafen habe. „Oh, entsetzlich schlecht“, sagte die Prinzessin. „Ich habe fast kein Auge zugetan. Ich habe auf etwas Hartem gelegen, so dass ich am ganzen Körper grün und blau bin.“ Weil sie durch zwanzig Decken und zwanzig Matratzen hindurch die Erbse gespürt hatte, wussten alle, dass sie eine echte Prinzessin war. Da nahm der Prinz sie zur Frau, denn nun war er sicher, dass er die Richtige gefunden hatte.

nach Hans Christian Andersen

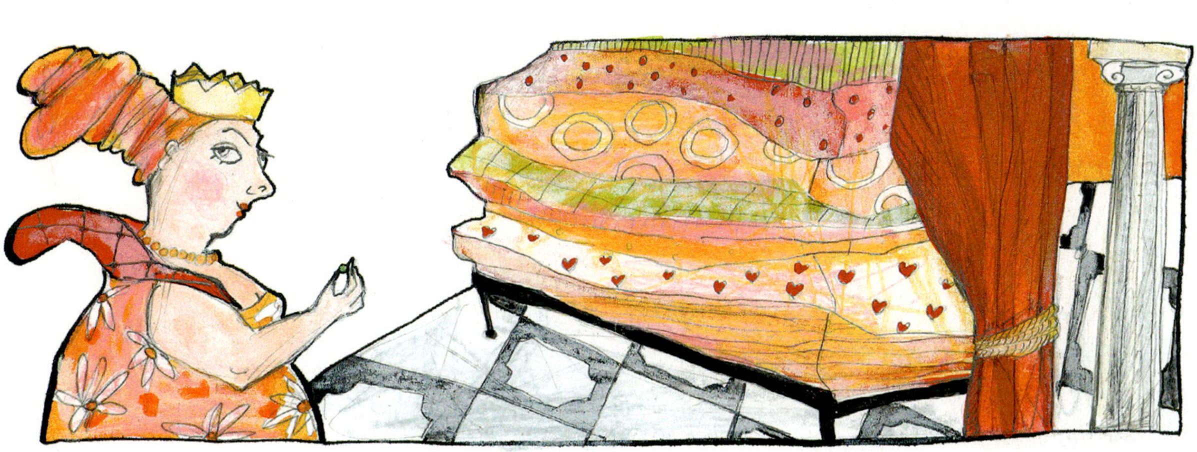

Der Wolf und die sieben Geißlein

Es war einmal eine alte Geiß, die hatte sieben junge Geißlein. Die hatte sie lieb, wie eine Mutter ihre Kinder lieb hat. Einmal wollte sie in den Wald gehen und Futter holen. Da rief sie alle sieben herbei und sprach: „Liebe Kinder, ich will in den Wald gehen und Futter holen. Seid auf der Hut vor dem Wolf. Wenn ihr ihn herein lasst, dann frisst er euch mit Haut und Haaren. Denn ihr seid ja noch so klein und dumm.“ Die Geißlein sagten: „Sorge dich nicht um uns, Mütterlein. Wir werden uns schon in Acht nehmen und dumm sind wir auch nicht.“ Da meckerte die Alte noch etwas und machte sich besorgt auf den Weg.

Es dauerte nicht lange, da klopfte jemand an die Tür und rief: „Macht auf, ihr lieben Kleinen, ich bin der Wolf und würde euch gerne besuchen.“ „Aber dann geh erst zum Krämer und hole uns Honig. Dann lassen wir dich herein.“ Der Wolf lief zum Krämer und holte zwei Eimer voll Honig. Als er wieder zu den Geißlein kam und klopfte, riefen sie: „Geh zum Bäcker und hole uns ein Paket voll Kuchen, dann lassen wir dich herein. Den Honig aber stell vor die Tür.“ Der Wolf, der guten Appetit auf die Ziegen hatte, tat, was sie ihn geheißen, stellte den Honig vor die Tür und holte beim Bäcker Kuchen. Währenddessen nahmen die Geißlein den Honig in die Stube und labten sich daran. Als er den Kuchen brachte, riefen sie: „Erst den Kuchen durch das Fenster, dann lassen wir dich ein.“ Dann labten sie sich an dem Kuchen. Sie verlangten auch noch Klee von der Wiese, verschmatzten auch den. Aber dann öffneten sie die Tür, und kaum hatte der Wolf den Kopf hereingesteckt, stülpten sie ihm einen Sack über, verschnürten ihn zu einem Paket und ließen ihn in der Stube liegen. Dann versteckten sie sich hinter dem Haus. Das Jüngste kroch in den Uhrenkasten. Es sollte eine Überraschung für die Mutter werden, um ihr zu zeigen, dass ihre Kinder nicht dumm sind.

Als die alte Geiß nach Hause kam, sah sie den Sack in der Stube und schnürte ihn auf. Da sprang der Wolf heraus und fraß sie mit Haut und Haaren. Dann legte er sich draußen unter einen Baum und schlief ein. Alles das hatte das Jüngste im Uhrenkasten gesehen. Es holte seine Geschwister, und sie nahmen eine Schere und schnitten dem Wolf den Bauch auf. Sie fanden ihre Mutter gesund und munter. Die Mutter sagte: „Nun geht und sucht Steine. Damit wollen wir dem Wolf den Bauch füllen.“ Der Wolf schlief so tief, dass er von alledem nichts merkte. Als er aufwachte, hatte er Durst und wollte am Brunnen trinken.

Er ging zum Brunnen, beugte sich über den Rand und zwar so tief, dass die Steine in ihm nach oben rutschten und er hinein fiel und ertrank. Da kamen die sieben Geißlein mit ihrer Mutter herbei gelaufen und tanzten und sangen. Die alte Geiß aber sagte nie wieder, ihre Kinder seien dumm. Auch nicht im Spaß.

Janosch

- Kennst du noch andere Geschichten von Janosch? Erzähle.
- Ihr könnt in eurer Bibliothek nach weiteren Büchern von Janosch fragen.

ÜBUNGEN

Wochentage

Diens-	Don-	Frei-	Mitt-	Mon-	-ners-	Sams-	Sonn-
-tag	-tag	-tag	-tag	-tag	-tag	-woch	

1. Setze die Silben zu Wochentagen zusammen.
   Schreibe die Wochentage in der richtigen Reihenfolge auf.

Sammelnamen

Peters Familie will am Wochenende ein Picknick machen.
Dafür hat die Mutter einen Einkaufszettel geschrieben.

2. In welchen Abteilungen im Supermarkt findet Peters Mutter die Lebensmittel?
   Schreibe so:
   Bei den Getränken findet sie die Limo, …

3. Was könnte sie in den Abteilungen Gewürze und Milchprodukte kaufen?
   Schreibe jeweils drei Beispiele auf.

4. Finde noch andere Sammelnamen im Supermarkt.

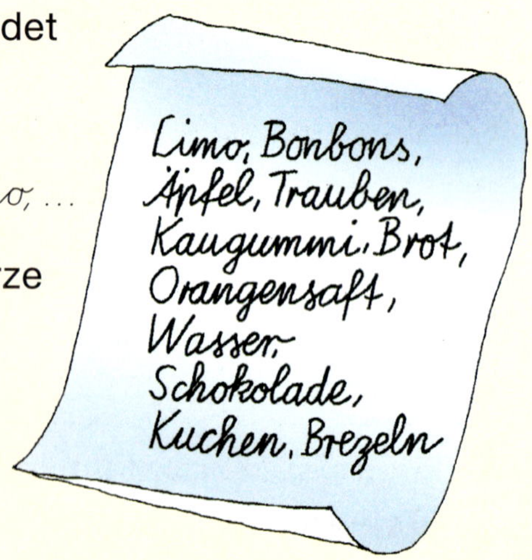

ÜBUNGEN

Zahlwörter

1 = d ~~5~~

~~1~~

~~1~~ + s

~~1~~ 2 = s k = h

❶ Welche Zahlwörter haben sich hier versteckt? Schreibe sie auf.

5	2	11	10	12	7	4	9	100

❷ Schreibe die Zahlen als Zahlwörter in dein Heft.

B/p, d/t und g/k

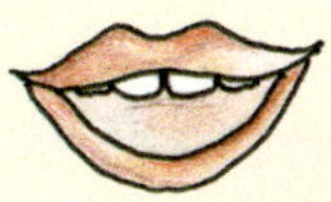

❸ Wie heißen die Wörter?
Schreibe die Wörter in Einzahl und Mehrzahl auf.

❹ Findest du passende Reimwörter? Achte auf das Wortende.

lie-	gesun-	gel-	frem-	run-

❺ Wie findest du die richtige Schreibweise heraus?
Schreibe so: *Das liebe Kind. Das Kind ist lieb.*

Tunwörter verlängern

1. Welche Buchstaben fehlen? Die Grundform hilft dir.
2. Schreibe die Grundformen und die Sätze richtig auf.
   legen: Leon, leg den Stift aus der Hand!

Wörter mit V/v

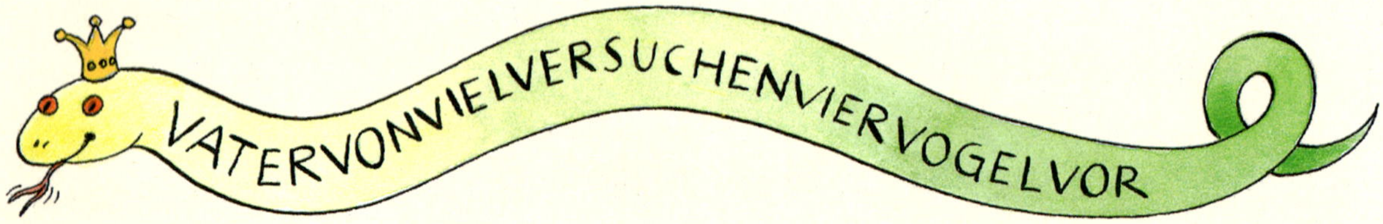

3. In der Wörterschlange verstecken sich die Lernwörter mit V/v. Schreibe sie auf.
4. Welche Lernwörter kannst du trennen? Zeichne die Silbenbögen ein.

5. Erkennst du die Lernwörter? Schreibe sie auf.
6. Bilde Sätze, in denen möglichst viele Wörter mit V/v vorkommen.

ÜBUNGEN

Zusammengesetzte Namenwörter mit ee

❶ Suche die Namenwörter in der Wörterliste.
Schreibe sie mit Begleiter auf.

❷ Bilde zusammengesetzte
Namenwörter und schreibe sie auf.

Wörter mit ee, qu und x

Desiree war / in den Ferien am Meer: / „Ich hatte immer Teer / an den Füßen. / Einmal bin ich fast / in eine Qualle getreten. / Ich habe vielleicht gequiekt! / Wenn meine Eltern / Tee getrunken haben, / habe ich / ein riesiges Eis gekriegt."

Felix war an einem See: / „Der See war fast quadratisch. / Es gab viele Frösche, / die immer laut quakten. / Kaulquappen habe ich / auch gesehen, / aber ich durfte / keine fangen."

Die Lehrerin erzählt: / „In den Bergen / lag noch Schnee, / obwohl es im Tal / schon Blumen und Klee gab. / Bei der Rückfahrt / musste ich ein Taxi / quer durch die Stadt nehmen, / weil ich sonst / den Zug verpasst hätte."

❸ Ordne die Wörter in eine Tabelle nach ee, qu und x.

❹ Übe einen der Texte als Diktat.

ÜBUNGEN

Und vorher? S. 162

	Ja	Nein
Oma saß gern in der Sonne.	V	I
Opa suchte für Oma die Brille.	N	O
Sie ist immer mit Opa ins Theater gegangen.	S	R
Oma hat Opa geheiratet.	H	L
Einmal war sie in Wiesbaden.	A	E
Omas Hund hieß Jippi.	R	P

❶ Welche Sätze sind richtig, welche falsch?
Schreibe die dazugehörigen Buchstaben auf.
Sie ergeben ein Lösungswort.

Wie es kam, dass der Hamster den Tiger fraß S. 166

1. Welche Tiere spielen in der Geschichte mit?
   Schreibe ihre Namen mit Begleiter auf.
2. Überlege dir eine andere Überschrift,
   die auch zur Geschichte passen könnte.
   Schreibe sie auf.
3. Piri sagt zu der Geschichte: „So kann man
   aus einer Mücke einen Elefanten machen."
   Was meint das Wiesel damit?
4. Hast du es auch schon einmal erlebt,
   dass aus einer Mücke ein Elefant gemacht wurde?
   Erzähle.

❷ Bearbeite die Aufgaben.

Die Prinzessin auf der Erbse S. 169

Der Prinz reiste in der Welt umher,
um eine schöne Prinzessin zu finden.
Der Prinz reiste in der Welt umher,
um eine richtige Prinzessin zu finden.

Die Königin legte eine Erbse zwischen die Matratzen des Bettes.
Die Königin legte eine Erbse auf den Boden des Bettes.

Über die Erbse wurden zwanzig Matratzen
und zehn Decken gestapelt.
Über die Erbse wurden zwanzig Matratzen
und zwanzig Decken gestapelt.

Am Ende des Märchens heiratete der Prinz die Prinzessin.
Am Ende des Märchens schenkte der Prinz der Prinzessin die Erbse.

❶ Schreibe die zutreffenden Sätze in dein Heft.

Der Wolf und die sieben Geißlein S. 170

1. Janosch erzählt das Märchen anders als die Brüder Grimm.
   Welche Unterschiede fallen dir auf?
2. Welche Aufgaben muss der Wolf für die Geißlein erledigen?
3. Die alte Geiß hat aus dieser Geschichte etwas gelernt.
   Was könnte das sein?
4. Gefällt dir Janoschs Geschichte besser
   oder die der Brüder Grimm? Begründe deine Entscheidung.

❷ Beantworte die Fragen in ganzen Sätzen.

Der Kern – Das Jahr der Sonnenblume

Ein kleiner Kern, von der Sonne geweckt,
zeigt übers Jahr, was in ihm steckt.
Es ist ein Wunder, du kannst es sehen!
Probier's selbst aus, um dann mit wachen Augen
durch die Welt zu gehen.

Aus einer gelben Sonne fällt
ein Kern hinunter auf die Welt
ins weiche Gras hinein,

schläft in der warmen Erde ein,
lässt den Winter Winter sein

Das Jahr

und streckt, vom Frühling geweckt,
den Finger aus nach oben, da ist's hell.
Ganz schnell geht's weiter in die Höh'.

Und sieh! Mit der Zeit ist es so weit:
Aus einer gelben Sonne fällt ein Kern
hinunter auf die Welt!

Bärbel Haas

Herbst

Goldene Welt

Im September ist alles aus Gold:
Die Sonne, die durch das Blau hinrollt,
das Stoppelfeld,
die Sonnenblume, schläfrig am Zaun.
Das Kreuz auf der Kirche,
der Apfel am Baum.
Ob er hält?
Ob er fällt?
Da wirft ihn geschwind
der Wind
In die goldene Welt.

Georg Britting

- Was ist im September alles aus Gold? Lies im Gedicht nach!
- Was meint der Dichter mit dem ersten Satz?
- Lerne das Gedicht auswendig und trage es vor. S. 44

Gedichte auswendig vortragen:
Schreibe das Gedicht ab.
Unterstreiche in jeder Zeile das Wort, das betont wird.
Überlege dir zu jeder Zeile eine Geste.
Lerne das Gedicht auswendig.
Sprich langsam, deutlich und betont.
Setze sinnvolle Pausen.

rollen

Wir suchen den Herbst

„Bist du der Herbst?", fragen die Kinder das bunte Laub.
„Nein, ich bin nur sein Kleid."

„Bist du der Herbst?", fragen die Kinder den Nebel.
„Nein, er versteckt sich in mir."

„Bist du der Herbst?", fragen die Kinder den Apfel.
„Nein, ich gehöre zu seinem Gepäck."

„Bist du der Herbst?", fragen die Kinder die Aster.
„Nein, ich stehe an seinem Weg und grüße ihn."

„Bist du der Herbst?", fragen die Kinder das Spinnennetz.
„Nein, ich will ihn einfangen, aber er entwischt mir immer wieder."

„Bist du der Herbst?", fragen die Kinder den Wind.
„Nein, ich bin nur seine laute Stimme."

Kurt Meiers

- Was bedeutet für dich Herbst?
- Lest den Text mit verteilten Rollen.
- Schreibe die Namenwörter aus dem Text mit Begleiter auf.
- Sammelt Wörter, die zum Herbst passen.
  Gestaltet damit ein Herbstplakat.

Nebel   Wind – Winde

So ein dicker Nebel

Peter kann die Häuser auf der anderen
Straßenseite nicht sehen.
Im Nebel sieht alles ganz anders aus, denkt er.
Da kommt ihm ein unheimlicher Hund entgegen.
Peter erschrickt.
Aber es ist nur Richters Hund,
der Peter begrüßen will.
Nun tauchen zwei glühende Augen auf.
Wie sie näher kommen, sieht er,
dass es Schultes Bäckerwagen ist.
Herr Schulte fährt heute
sehr langsam und vorsichtig.
Als Peter zur Schule kommt,
da huschen von allen Seiten Kinder herbei.
Wenn es in der Pause auch so neblig ist,
denkt Peter, können wir fein Fangen spielen.

Josef Schölling

- Warum fahren Autos im Nebel langsamer?
- Welche Farbe muss deine Kleidung haben, damit man dich bei Nebel oder Dunkelheit besser sieht?

Apfelrezepte

Im Herbst reifen die Äpfel. Sie sind sehr gesund.
Wir können aus Äpfeln viel herstellen.

Getrocknete Apfelringe

Rezept

- im Backofen vortrocknen lassen
- Kerngehäuse ausstechen
- Apfelscheiben auf einen Backrost legen
- Äpfel schälen, in Scheiben schneiden
- an Fäden aufhängen, fertig trocknen lassen

● Schreibe das Rezept geordnet auf. Die Bilder helfen dir.

Sterne aus Wachs

Die Wachssterne sind eine schöne Dekoration für einen adventlich geschmückten Zweig oder den Christbaum. Du kannst sie aber auch gut versteckt bis Weihnachten aufheben und dann verschenken.

Material:
- Wabenplatten aus Bienenwachs
- Zeitungspapier zum Unterlegen
- Plätzchenausstech-formen (Sterne)
- Zahnstocher
- goldener Bindfaden
- Schere

Bastelanleitung:
Zuerst deckst du die Arbeitsfläche mit Zeitungspapier ab. Als nächstes legst du eine Wachsplatte zurecht und stichst mit dem Plätzchenausstecher Sterne aus. Achte darauf, die Sterne eng nebeneinander auszustechen, damit du möglichst viele bekommst. Nimm dann den Zahnstocher und bohre vorsichtig in jeden Wachsstern ein Loch. Schneide nun vom Bindfaden 25 cm lange Stücke ab. Anschließend ziehst du durch jedes Loch einen goldenen Bindfaden. Verknote zum Schluss die Enden.

Christbaum Weihnachten schneiden Schere

Klöpfelsingen

Früher war es Brauch, dass Kinder an den Donnerstagen im Dezember, sobald es dunkel geworden war, zum Klöpfelsingen gingen. Die Kinder stapften durch Schnee und Kälte von Haus zu Haus und klopften (klöpfelten) an die Türen und Fenster. Dazu wurde das Klöpfellied gesungen. Meist öffnete man ihnen und sie bekamen allerhand gute Sachen auf ihren Klöpfelstab gesteckt: Bei den reichen Bauern gab es oft Geräuchertes, Kücheln, Krapfen, Kletzenbrot aus getrockneten Früchten und noch vieles mehr.
Früher waren die Leute oft so arm, dass sie froh waren, wenn ihre Kinder vom Klöpfeln etwas nach Hause brachten.
Heute ist das Klöpfelsingen ein wenig in Vergessenheit geraten, weil jeder genug zu essen hat.
In manchen Gegenden wird aber noch immer geklöpfelt.
Vielleicht probierst du es mit deinen Freunden einmal aus?

- Lies noch einmal genau nach, was du beachten musst, wenn du zum Klöpfeln gehen willst.

Klöpfellied

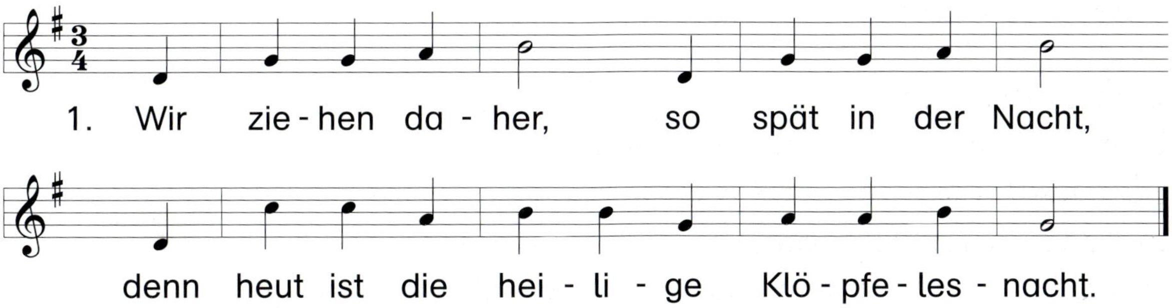

2. Wir hör'n ja die Schlüssel schon außaklinga
es wird wohl die Bäurin uns z'Essen bringa.

3. Wir können net dableibn, wir müaßn wieder geh,
für des, wos ma kriagt ham, bedank ma uns schee!

Frucht Kälte kaufen reich

Michi spielt Nikolaus

Einmal fand Michi eine Nikolausmaske im Kleiderschrank seiner Eltern. Und weil bald Weihnachten war, nahm sich Michi vor, einmal selbst Nikolaus zu spielen.
An diesem Abend sollte es schon sein. Michi konnte kaum erwarten, dass es draußen dunkel wurde und dass seine Eltern und Lisa und Peter zu Hause waren. Na, denen wollte er es zeigen! Richtige Angst sollten sie vor ihm bekommen! Beim Abendessen beeilte sich Michi sehr. Dann sagte er: „Ich muss mal!“ Und blitzschnell war er aus der Tür gehuscht.

Er rannte zum Kleiderschrank und öffnete die Tür. Zuerst holte er den Pelzmantel heraus, der seiner Mutter gehörte. Er zog ihn sogleich an und suchte dann nach Vaters Winterstiefeln. Natürlich brauchte er auch Vaters dicke Wollhandschuhe. Als er alles angezogen hatte, holte er ganz vorsichtig die Nikolausmaske aus dem Schrank und setzte sie sich vor sein Gesicht. Dann stülpte er noch Peters rote Pudelmütze darüber. So, jetzt werden sie wohl Angst vor mir haben! dachte Michi. Er wollte sich aber zuerst doch noch lieber überzeugen, wie er wirklich aussah. Deshalb klappte er die andere Tür des Kleiderschrankes auf, an der sich der große Spiegel befand. Kaum aber sah er in den Spiegel, da erschrak er ganz fürchterlich. Da stand doch vor ihm der richtige Nikolaus und blickte ihn böse an.
„Mutti! Mutti!“, schrie Michi und begann, vor Angst zu schwitzen. Er plärrte so laut und durchdringend, dass alle aus der Küche herbeigelaufen kamen: der Vater, die Mutter, Lisa und Peter.

suchen Gesicht finden sollen werden – wird

„Der Nikolaus ist da!“, jammerte Michi. „Und ich habe solche Angst!“ Da fing zuerst der Vater an zu lachen, und dann die Mutter. Und Peter und Lisa lachten am lautesten. „Bestimmt wollte er uns erschrecken!“, lachte Lisa. „Und dann hat er vor sich selber Angst bekommen!“ Die Mutter aber zog Michi die Pudelmütze und die Maske vom Gesicht. Und da gab es plötzlich im Spiegel keinen Nikolaus mehr. Nur noch Michi. Und der hatte Mutters Pelzmantel an und Vaters Stiefel und Handschuhe. Und dieser Michi musste jetzt auch lachen. Und er lachte noch lauter als Lisa und Peter.

Rolf Krenzer

HeiligER Nikolaus

2. Sag zu deim Kramperl glei: I bin so kloa!
Er derf mi fei ja net in Sack eini doa!

3. Hast in deim Sackerl drin Äpfl und Kern?
vui Nüsserl und Feigen? Mei, de mog i gern!

Die Weihnachtsmaus

Die Weihnachtsmaus ist sonderbar,
sogar für die Gelehrten,
denn einmal nur im ganzen Jahr
entdeckt man ihre Fährten.

Mit Fallen oder Rattengift
kann man die Maus nicht fangen.
Sie ist, was diesen Punkt betrifft,
Noch nie ins Garn gegangen.

Das ganze Jahr macht diese Maus
den Menschen keine Plage.
Doch plötzlich aus dem Loch heraus,
kriecht sie am Weihnachtstage.

Zum Beispiel war vom Festgebäck,
das Mutter gut verborgen,
mit einem Mal das Beste weg
am ersten Weihnachtsmorgen.

Da sagte jeder rundheraus:
„Ich hab es nicht genommen!
Es war bestimmt die Weihnachtsmaus,
die über Nacht gekommen.“

Ein andres Mal verschwand sogar
das Marzipan von Peter,
was seltsam und erstaunlich war,
denn niemand fand es später.

Der Christian sagte rundheraus:
„Ich hab es nicht genommen!
Es war bestimmt die Weihnachtsmaus,
die über Nacht gekommen.“

Ein drittes Mal verschwand vom Baum,
an dem die Kugeln hingen,
ein Weihnachtsmann aus Eierschaum
nebst andren leckren Dingen.

Die Nelly sagte rundheraus:
„Ich hab es nicht genommen!
Es war bestimmt die Weihnachtsmaus,
die über Nacht gekommen."

Und Ernst und Hans und der Papa,
die riefen: „Welche Plage!
Die böse Maus ist wieder da,
und just am Feiertage!"

Nur Mutter sprach kein Klagewort.
Sie sagte unumwunden:
„Sind erst die Süßigkeiten fort,
ist auch die Maus verschwunden!"

Und wirklich wahr: die Maus blieb weg,
sobald der Baum geleert war,
sobald das letzte Festgebäck
gegessen und verzehrt war.

Sagt jemand nun, bei ihm zu Haus –
Bei Fränzchen oder Lieschen –
Da gäb es keine Weihnachtsmaus,
dann zweifle ich ein bisschen!

Doch sag ich nichts, was jemand kränkt!
Das könnte euch so passen!
Was man von Weihnachtsmäusen denkt,
bleibt jedem überlassen!

James Krüss

- Was denkst du von der Weihnachtsmaus? Kennst du sie?
- Welche Sachen holt die Maus?
- Kannst du selbst eine Geschichte mit einer Weihnachtsmaus erzählen?

Das Märchen von den zwölf Monaten

Es war einmal eine arme, alte Frau, die in der Neujahrsnacht wieder einmal in den Wald ging, um Holz zu holen.

„Wenn ich schon nichts zu essen habe, kann ich mich wenigstens am Ofen wärmen!“, dachte sich die Frau.

Die Frau hob Zweiglein um Zweiglein auf und plötzlich stand sie auf einer hell erleuchteten Lichtung. Sie wunderte sich sehr über das strahlende Licht mitten im dunklen Wald und blieb stehen.

Aus dem Dorf tönten die Kirchenglocken. Sie schlugen gerade Mitternacht. Bei jedem der zwölf Glockenschläge aber erschien auf der Lichtung eine Gestalt. Es waren prächtig gekleidete Männer, in Gold oder Silber, in grünem Samt, mancher gar in bunten Farben. Die Zwölf standen im Kreis und lächelten sich freundlich an.

Nach einer Weile entdeckten sie die Alte und ehe sie sich versah, fand sie sich in der Mitte des Kreises wieder.

„Nun sag uns, liebes Mütterlein, wer ist der Beste von uns?“

„Wer seid ihr denn?“, fragte die Frau verwundert.

„Wir sind die Monate: Januar, Februar, März, April, Mai, Juni, Juli, August, September, Oktober, November und Dezember. Einmal im Jahr kommen wir hier zusammen und feiern den Beginn des neuen Jahres.“

„Aber nun sag uns, liebes Mütterlein, wen magst du am liebsten? Wer ist der Beste, der Schönste?“

„Ach“, antwortete die alte Frau nachdenklich:

„Ich liebe den Januar, der bringt mir den schönen, weißen Schnee, so zart und weich wie Seide.

Ich mag auch den Februar, da kommt die lustige Faschingszeit.

Der März beschert mir die ersten Schneeglöckchen, das freut mich immer sehr!

Der April gefällt mir, weil er so kraftvoll gegen das schlechte Wetter kämpft.

Der Mai bringt alles zum Blühen und malt die Welt ganz bunt.

Der Juni lässt die Erdbeeren reifen.

Der Juli ist so wunderbar warm, da kann ich endlich im See baden.

Der August beschert uns viel Gemüse im Garten.

Der September macht die Blätter bunt und golden, das ist eine Freude.

Januar Februar März April Mai Juni Juli August

Der Oktober bringt Äpfel und Birnen.
Der November lässt auch die letzten Nüsse vom Baum fallen.
Der Dezember ist schön, weil dann das Christkind kommt.
Ich mag alle Monate sehr gerne. Welcher der beste ist, kann ich wirklich nicht sagen."
Die Monate dankten der Frau für ihre freundlichen Worte und sagten, sie solle nun nach Hause gehen.
Als sie aber ihr Häuschen betrat, fand sie von jedem Monat ein Geschenk auf ihrem Tisch:
Weiße Seide vom Januar,
bunte Kleider vom Februar,
Schneeglöckchen vom März,
einen Umhang gegen schlechtes Wetter vom April,
einen Malkasten mit bunten Farben vom Mai,
eine große Schüssel Erdbeeren vom Juni,
eine wunderschöne Badewanne mit warmem Wasser, damit sie baden konnte wie im Juli.
Gemüse aller Art war das Geschenk vom August.
Der September jedoch hatte ihr Blätter aus echtem Gold geschickt.
Äpfel und Birnen gab es vom Oktober,
Nüsse vom November
und vom Dezember einen großen Christstollen,
der den Raum mit Duft erfüllte.
Man kann sich vorstellen, wie sich die alte Frau freute. Alle Not hatte nun ein Ende.
Als aber am Neujahrsmorgen die Dorfkinder kamen, um das Neue Jahr anzusingen, gab sie jedem Kind etwas von den Geschenken der Monate mit.

Camilla Kloos nach alten Märchenmotiven

● Erzähle das Märchen nach.

September Oktober November Dezember Monat

Es klopft bei Wanja in der Nacht

Weit fort in einem kalten Land
steht Wanjas Haus am Waldesrand.
In langen Zapfen hängt das Eis
und ringsumher ist alles weiß.
Da ist bei Sturm in finstrer Nacht
der Wanja plötzlich aufgewacht.
„Was höre ich da tocken?“,
so fragt er sich erschrocken.

Wer ist’s, wer klopft da an sein Haus?
Ein Hase hockt im Schneesturm drauß’.
Der schreit und jammert kläglich:
„Ich friere so unsäglich.“
Der Wanja sagt: „Komm nur herein,
ich heize gleich im Ofen ein.“...
Das Feuer zischt und prasselt laut, ...
Der Has’ streckt sich behaglich aus.
Bald wird es still im kleinen Haus.
Auch Wanja deckt sich wieder zu:
„Gut’ Nacht und angenehme Ruh!“

Doch kaum sind beide eingeschlummert, klopfen ein Fuchs und später noch ein Bär an die Tür.

Da schreit der Hase: „Nein, o nein,
lass bloß die beiden nicht herein!
Der Fuchs ist drauf versessen,
uns Hasen aufzufressen.“

Die Tiere aber versprechen, keinem etwas zuleide zu tun, und so dürfen sie in Wanjas Hütte übernachten. Alle strecken sich behaglich aus.

schreien

Bald wird es still im kleinen Haus.
Auch Wanja deckt sich wieder zu:
„Gut' Nacht und angenehme Ruh!"

Der Schneesturm unterdessen
tobt weiter wie besessen.
Er reißt die stärksten Bäume aus
und rüttelt an dem kleinen Haus.
Doch drinnen schlafen wohlgeborgen
Fuchs, Bär und Hase bis zum Morgen.

Als am nächsten Tag die Sonne aufgeht, ist die Not der Tiere vorüber. Sie laufen wieder hinaus in den Wald – jedes in eine andere Richtung, der Bär erwacht als Letzter.

„Verflixt, das ist ein Jägerhaus!
Ganz heimlich schleiche ich mich 'raus.
Die Sonne steht schon überm Wald.
Heut' wird's bestimmt nicht mehr so kalt."
Er tappt, so leise er vermag,
hinaus in einen neuen Tag.

Der Wanja – noch vom Schlaf umfangen –
begreift nicht, was hier vorgegangen.
Er blickt umher im leeren Raum.
War denn alles nur ein Traum?

Als Wanja aber nach draußen blickt, sieht er die Spuren der nächtlichen Gäste im Schnee.

Der Wanja schaut und nickt und lacht:
„Wir haben wirklich diese Nacht
gemeinsam friedlich zugebracht. –
Was so ein Schneesturm alles macht!"

Tilde Michels

- Spielt das Stück mit verteilten Rollen.

Die Blätter an meinem Kalender

Die Blätter an meinem Kalender,
die sind im Frühling klein
Und kriegen goldene Ränder
Vom Märzensonnenschein.

Im Sommer sind sie grüner,
Im Sommer sind sie fest.
Die braunen Haselhühner
Erbau'n sich drin ihr Nest.

Im Herbst ist Wolkenwetter,
Und Sonnenschein wird knapp,
Da fall'n die Kalenderblätter,
Bums, ab.

Im Winter, wenn die Zeiten hart,
hat es sich auskalendert.
Ich sitze vor der Wand und wart,
Dass sich das Wetter ändert.

Peter Hacks

- Welche Blätter sind wirklich grün und dienen zum Nestbau?
- Können Kalenderblätter abfallen?

Kalender Frühling Sommer Herbst Winter Blatt – Blätter

Ich male mir den Winter

Ich male ein Bild,
ein schönes Bild,
ich male mir den Winter.
Weiß ist das Land,
schwarz ist der Baum,
grau ist der Himmel dahinter.

Sonst ist da nichts,
da ist nirgends was,
da ist weit und breit nichts zu sehen.
Nur auf dem Baum,
auf dem schwarzen Baum
hocken zwei schwarze Krähen.

Aber die Krähen,
was tun die zwei,
was tun die zwei auf den Zweigen?
Sie sitzen dort
und fliegen nicht fort.
Sie frieren nur und schweigen.

Wer mein Bild besieht,
wie's da Winter ist,
wird den Winter durch und durch spüren.
Der zieht einen dicken Pullover an
vor lauter Zittern und Frieren.

Josef Guggenmos

Frühling

Aufruhr im Gemüsebeet

Es war ein schöner Frühlingsmorgen. In allen Büschen sangen die Vögel, Blätter und Gras wuchsen und kleine Tiere flogen und krabbelten und arbeiteten überall herum. Die ganze Luft war von einem schwach surrenden Geraschel erfüllt, singendes Sausen von all dem Leben, das nach dem Winter erwacht war.

Der alte Pettersson stand im Gemüsegarten und schaute sich um und prüfte die Erde.

„Jetzt ist es so weit“, sagte er.

„Heute können wir Gemüse säen und Kartoffeln setzen.“

Kater Findus flitzte herum und erschreckte die Käfer.

„Was heißt das, setzen?“, fragte er.

„In die Erde stecken. Wenn wir Mohrrübensamen in die Erde säen, wachsen dort Mohrrüben. Und aus jeder Kartoffel, die wir in die Erde legen, werden fünf bis zehn neue Kartoffeln.“

Der Kater sah den Alten streng an.

„Aber ich mag keine fünf bis zehn neue Kartoffeln und Mohrrüben auch nicht. Können wir nicht lieber Fleischklößchen pflanzen?“

„In die Erde stecken können wir sie immer. Aber sie werden nicht wachsen“, sagte Pettersson.

„Man kann’s ja mal versuchen“, sagte Findus …

Der Kater pflanzte sein Fleischklößchen. Von Zeit zu Zeit lief er hin um nachzusehen, ob es schon gewachsen war.

Sven Nordqvist

- Was wird mit dem Fleischklößchen passieren?
- Was kann man im Frühjahr pflanzen und säen?

Gras – Gräser Erde pflanzen Busch legen – legt

Der Hase mit der roten Nase

Es war einmal ein Hase
mit einer roten Nase
und einem blauen Ohr.
Das kommt ganz selten vor.

Die Tiere wunderten sich sehr:
Wo kam denn dieser Hase her?

Er hat im Gras gesessen
und still den Klee gefressen.

Und als der Fuchs vorbeigerannt,
hat er den Hasen nicht erkannt.

Da freute sich der Hase.
„Wie schön ist meine Nase
und auch mein blaues Ohr,
das kommt so selten vor.“

Helme Heine

Der höchste Maibaum Deutschlands

In vielen Dörfern und Städten ist es ein alter Brauch, am ersten Mai einen Maibaum aufzustellen. Natürlich wollen alle den schönsten und höchsten Maibaum im eigenen Ort haben. Deshalb benutzt man einen möglichst hohen Baumstamm, von dem die Rinde geschält wurde. Der Baumstamm wird geschmückt und aufgestellt. Aber das Aufstellen ist nicht so einfach. Alle starken Männer eines Orts helfen dabei, ein Kran oder eine Maschine dürfen dafür nicht verwendet werden. Je länger also der Baumstamm ist, umso mehr Männer müssen helfen, den Stamm senkrecht aufzurichten und festzumachen. Außerdem gibt es immer wieder Maibaum-Räuber, die versuchen, den Maibaum im Nachbarort zu stehlen. Wenn das gelingt, muss der Maibaum ausgelöst werden. Das heißt, der gestohlene Maibaum wird mit einer leckeren Brotzeit für alle Diebe und deren Freunde „zurückgekauft“.

Ein ganz besonderer Maibaum wird auf der Zugspitze aufgestellt. Weil die Zugspitze mit 2962 m der höchste Berg Deutschlands ist, kann kein anderer Maibaum höher in den Himmel ragen als dieser. Deshalb gibt es gerade dort jedes Jahr viele ehrgeizige Maibaum-Räuber, die den Zugspitz-Maibaum stehlen wollen. Obwohl er scharf bewacht wird, gelingt es gewitzten Dieben immer wieder einmal, den höchsten Maibaum Deutschlands zu entwenden. Viele Zeitungen in ganz Deutschland berichten dann über den gelungenen Streich und die Menschen freuen sich mit den gewitzten Räubern.

- Wird in deinem Heimatort auch ein Maibaum aufgestellt? Erzähle.
- Welche anderen Bräuche deiner Heimat kennst du noch?

In der Hecke

Im Frühling wird die Hecke wieder grün. Zuerst bekommen die Heckensträucher wieder Knospen. Viele neue Triebe sind zu sehen. Die Meisen haben sich ihr Nest in der Hecke gebaut. Nun brüten sie ihre Eier aus. Dann brechen die Blüten der Hundsrose auf. In der Wärme der Frühlingssonne beginnen sie zu duften. Der Duft und die strahlende Farbe der Blüten locken die Bienen und Hummeln an. Sie holen den süßen Nektar aus den Blüten.
Unter den Büschen versorgen die Mäuse ihre Jungen. Sie leben im Bau zwischen den Wurzeln der Heckenpflanzen.

- Beantworte die Fragen:
  - Welche Vögel bauen sich Nester in der Hecke?
  - Was zieht Bienen und Hummeln an?
  - Wo leben die Mäuse?
- Schreibe die Fragen und deine Antworten auf.

Zum Muttertag

Die Klasse 2a hat Muttertagselfchen geschrieben.

- Dichte ein eigenes Muttertagselfchen. S. 103

Blüte Wurzel Wärme Hecke grün

Der wundervolle Hut

Am Abend schaute der Franz mit der Mama Fotoalben an.
Auf einem Foto war die Urgroßmutter vom Franz.
Die Urgroßmutter hatte ein langes Kleid an und einen Hut auf dem Kopf.
Einen riesigen Hut. Mit einer breiten Krempe. Ein Schleier war auf dem Hut.
Und Schleifen. Und viele Rosen.
Ein Band, so breit wie ein Schal, wehte vom Hut.
Mama seufzte: „Traumhafte Hüte haben die damals gehabt!"
Da wusste der Franz, was er der Mama zum Muttertag schenken konnte!
Am nächsten Tag holte der Franz den riesigen Strohhut aus der Abstellkammer.
Dann sammelte er zwei Tage lang Material für den Muttertagshut.
Er fand allerhand: rote, weiße und blaue Schießbudenrosen, Seidenschleifen von Konfektschachteln, Spitzenborten, einen Rest Tüllgardine, ein Büschel Fasanenfedern und einen ganzen Strauß Plastikblumen.

Drei Abende lang arbeitete der Franz in seinem Zimmer am Muttertagshut.

Es wurde ein Wunderwerk von einem Hut!

Am Muttertagsmorgen nahm der Franz den Hut und lief ins Schlafzimmer.

„Alles Schöne zum Muttertag!“ rief der Franz.

Die Mama steckte den Kopf aus der Decke und blinzelte.

„Was ist das denn Hübsches?“

„Ein Hut natürlich“, sagte der Franz.

„Komm! Probier ihn!“

Die Mama setzte sich vor die Frisierkommode.

Der Franz setzte ihr den Hut auf.

„Schön bist du damit“, sagte der Franz.

Aber gleich darauf verschlug es dem Franz die Rede.

Der Papa saß nämlich im Bett und lachte. Ganz laut lachte er.

„Was hast du denn auf dem Kopf?“ Der Papa hopste im Bett herum und lachte.

„Mir tut ja schon vor Lachen alles weh!“

Da riss der Franz der Mama den Hut vom Kopf. Er rannte mit dem Hut in sein Zimmer und schmiss ihn unter das Bett.

Da kam die Mama zu ihm.

„Franz“, sagte sie. „Kränk dich nicht. Der Hut ist spitze. Wirklich!“

„Das sagst du so“, piepste der Franz.

„Aber nein, dein Hut ist der schönste Hut der Welt.“

Da war der Franz ganz glücklich.

Seither hat die Mama den Muttertagshut nicht mehr aufgehabt.

Sie sagt, sie muss sich erst ein Kleid kaufen, das zum Hut gut passt.

Ein wunder-wunder-wunder-schönes Kleid. Aber solche Kleider sind sehr teuer.

Und der Franz überlegt schon, ob er der Mama zum Geburtstag vielleicht ein Kleid basteln soll.

Christine Nöstlinger

Sommer

Was im Sommer Spaß macht

Hast du schon mal nachgedacht,
was im Sommer Freude macht?
Schau dich um, schau dich um,
überall und rundherum.
In der grünen Wiese liegen,
auf dem Wasser Surfen üben,
eine große Sandburg bauen,
in die weißen Wolken schauen.

Würstchen und Kartoffeln grillen,
Federball und Fußball spielen,
Himbeereis mit Sahne schlecken,
Kopfsprung in das Wasserbecken.
Kirschen, Äpfel, Beeren pflücken,
warme Sonne auf den Rücken,
warme Sonne auf den Bauch,
spritzen mit dem Gartenschlauch.

Ferien auf dem Land erleben,
Schweinen morgens Futter geben,
Traktor fahren, Pony reiten,
Kühe auf die Weide treiben.
Weißt du was, weißt du was,
das macht im Sommer Spaß.

Rosemarie Künzler-Behncke

- Finde die Reimwörter im Gedicht. Schreibe sie auf.
- Schreibe eine Sommergeschichte. Verwende folgende Wörter:

Sommer	Wolke	Sonne	Boot	kentern

Rücken   Freude

Ferien zu Hause

In der Klasse 2 a erzählen die Kinder von den Ferien. Stefanie war in Spanien und konnte im Meer schwimmen. Olivia war mit ihren Eltern in England. Tom war in Italien. Dort gab es immer sein Lieblingsessen: Spagetti mit Tomatensoße.

Nun soll Michi erzählen, wo er war. Er wird ganz rot. Dann sagt er: „Weil meine Eltern arbeiten mussten, konnten wir nicht verreisen. Ich war nur bei meinen Großeltern.“ „War das nicht langweilig?“, fragt Mona.

Michi überlegt und sagt: „Eigentlich nicht. Opa und ich haben im Garten ein Zelt aufgebaut. In dem haben wir zwei Nächte geschlafen. Das war total unheimlich. Einmal habe ich mit Oma Pilze gesucht. Das war toll. Opa zeigte mir, wie man aus Rinde Boote schnitzt. Die sind richtig geschwommen. Am tollsten war unsere Lesenacht. Jeff und Nico durften bei mir schlafen. Sie haben ihre Lieblingsbücher mitgebracht. Zuerst haben meine Großeltern vorgelesen, dann durften wir so lange lesen, wie wir wollten.“

Die Kinder schauen Michi an. Dann sagt Tom nachdenklich: „Ich glaube, Michi hatte spannendere Ferien als ich.“

Ute Schimmler/Sabine Trautmann

- Warum meint Tom, dass Michi spannendere Ferien hatte?
- Was kannst du in den Ferien zu Hause machen?
- Ihr könnt eure Vorschläge zu einem Plakat zusammenstellen.

Mitsprechwörter, Nachdenkwörter, Merkwörter

Mitsprechwörter: Ich schreibe, wie ich spreche.

- Sprich deutlich.
- Sprich in der Pi-lo-ten-spra-che.
- Schwinge die Silbenbögen.

Nachdenkwörter: Ich denke nach und weiß eine Regel.

- Kennst du eine Regel?
- Suche die Grundform bei Tunwörtern.
- Verlängere das Wort.
- Finde ein verwandtes Wort.

Merkwörter: Ich muss mir merken, wie ich das Wort schreibe.

- Achte auf die Merkstelle.

1. Schreibe die Wörter aus dem Bild auf Kärtchen. Markiere die schwierige Stelle.
2. Ziehe ein Kärtchen. Entscheide, ob das Wort ein Mitsprech-, ein Nachdenk- oder ein Merkwort ist. Begründe.
3. Ordne die Wörter in eine Tabelle ein:

Mitsprechw.	*Nachdenkw.*	*Merkwörter*

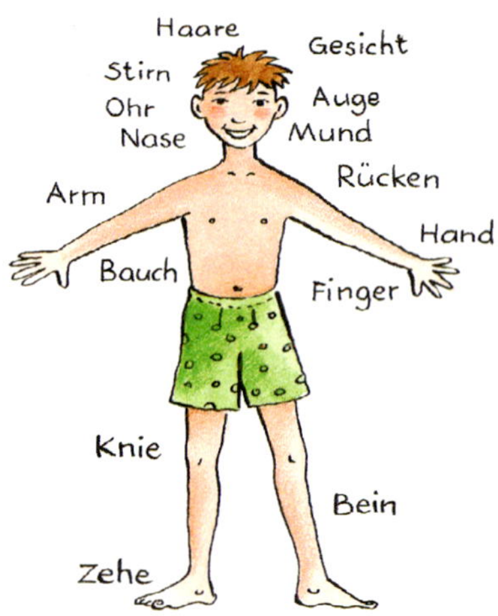

Fehler finden und berichtigen

So findest du deine Fehler:
1. Lies den Text noch einmal langsam und genau durch.
2. Schwinge die Silbenbögen mit. Hast du alle Buchstaben geschrieben?
3. Kontrolliere: Hast du alle Namenwörter und Satzanfänge großgeschrieben?
4. Schau genau, ob jeder Satz mit einem Satzzeichen endet.

In unserer Hecke in Gartem lebt ein
Igel Wenn es dunkel wird, kommt er
hervor, er sucht dann unter büschen
und sträuchern Früchte, Raupn und
weitere kleine Tier. igel können nich
gut sehen, aber gut hören und schnell
laufen.

Angelika

1 In Angelikas Text haben sich zehn Fehler eingeschlichen.
Finde sie und schreibe den Text richtig auf.

Wenn du einen Fehler gemacht hast, kannst du ihn so berichtigen:

Hecke viele
In der ~~Heke~~ leben ~~vile~~ Tiere. Ich habe eine Spinne gesehen. [1]
Die Hagebutten sind rot.
[1] *Die Spinne hatte ein Kreuz auf dem Rücken.*

Namenwörter

Menschen, Tiere, Pflanzen und Dinge haben Namen.
Das sind **Namenwörter.**
Namenwörter schreibst du immer groß.

1. Schreibe die Texte ab. Unterstreiche alle Namenwörter.

Namenwörter haben **Begleiter.**
Es gibt **bestimmte** Begleiter: **der, die, das,**
und **unbestimmte** Begleiter: **ein, eine.**

2. Schreibe nun die Namenwörter mit den bestimmten
und unbestimmten Begleitern ab.
Trage sie so in eine Tabelle ein.

der / ein	die / eine	das / ein
der Strand – ein Strand	die … – eine …	

Namenwörter können in der **Ein**zahl stehen: der Brief – **ein** Brief, oder in der **Mehr**zahl: die Briefe – **mehrere** Briefe.

3 Bilde die Mehrzahl der Namenwörter.
Schreibe so:
eine Robbe – viele Robben,
ein Elefant - viele ...

Mit **zusammengesetzten** Namenwörtern kannst du etwas genauer beschreiben. Der Begleiter richtet sich nach dem zweiten Namenwort.

4 Erkennst du diese zusammengesetzten Namenwörter?
Schreibe so: *das Haus + die Tür = die Haustür*

Wörter nach dem Abc ordnen

Wörter kannst du ordnen, indem du sie nach den Anfangsbuchstaben von A bis Z sortierst.

1 Schreibe die Blumennamen nach dem Abc geordnet auf.

Wörter mit gleichen Anfangsbuchstaben ordnest du nach dem nächsten Buchstaben.

2 Schreibe die Wörter nach dem Abc geordnet auf.

In der **Wörterliste** oder im **Wörterbuch** sind die Wörter nach dem Abc geordnet.

3 Welches Wort findest du in der Wörterliste unter diesen Wörtern? Schlage nach. Es entsteht ein Satz.

winzig	klein	Gemüse	Sonntag

Sammelnamen

Begriffe, die zusammenfassen, was zusammengehört, heißen Sammelnamen. Sammelnamen helfen ordnen. Du kannst dich damit knapp ausdrücken.

So ein Durcheinander!

1. Hilf beim Aufräumen.
   Ordne in die Tabelle ein:

Kleidung 	*Spielzeug* 	*Schulsachen* 
Socken	…	…
…	…	…

2. Finde eine passende Beschriftung für diese Kisten.

Tunwörter

Tunwörter drücken aus, was Menschen, Tiere, Pflanzen und Dinge tun. Tunwörter schreibst du klein.

klettern	springen	rutschen	blühen	schaukeln	singen

1. Bilde Sätze.
2. Unterstreiche die Tunwörter.

Tunwörter haben in der **Grundform** meistens die Endung **-en** und manchmal die Endung **-eln** oder **-ern.**

du gehst	er läuft	sie spricht	es donnert	sie sucht
er rechnet	du weinst	ihr füttert	er trampelt	es regnet

3. Bilde die Grundformen.
Schreibe so: *du gehst – gehen, …*

Tunwörter können sich verändern. Was gleich bleibt, heißt **Wortstamm.** Was sich verändert, heißt **Endung.** Die Endung richtet sich danach, wer etwas tut. In der Wörterliste stehen die Tunwörter in der Grundform, z. B. träumen.

Die Kerzen	kaufen	auf der Torte.
Anna	brennen	auf der Flöte.
Der Hund	freuen	mit.
Die Mutter	spielen	Kuchen.
Der Vater	backen	ein Geschenk.
Ich	bellen	mich.

4 Schreibe die Sätze richtig auf.
Setze die richtigen Tunwörter in der richtigen Form ein.

5 Markiere bei den Tunwörtern den Wortstamm und die Endung mit verschiedenen Farben.

Grundform	*ich*	*du*	*wir*
sitzen	…	…	…
schlafen	…	…	…

6 Zeichne die Tabelle ab. Bilde zu den Tunwörtern die Personalformen und ergänze sie. Markiere alle Endungen.

fragen — sprechen — flüstern
erzählen — sprechen — rufen

7 Erkläre die verschiedenen Bedeutungen dieser Tunwörter.

Frau Struck, die Lehrerin … von der Klassenfahrt. Petra versteht sie nicht genau. Deshalb … sie ihrer Nachbarin zu: „Ich weiß nicht, was sie meint.“ Da … Frau Struck: „Petra, kann ich dir helfen?“ „Die versteht doch nie etwas!“, … Daniel in die Klasse.

8 Schreibe den Text mit den passenden Tunwörtern auf.

Wiewörter

Wiewörter sagen dir, wie Menschen, Tiere, Pflanzen und Dinge sind.
Du schreibst sie klein: Der Ball ist **rund.**

1. Beschreibe diese Dinge mit einem passenden Wiewort.
Die Nadel ist …

rund	leicht	lustig	spitz	schön	alt

Wiewörter können vor einem Namenwort stehen.
Dann verändern sie sich: groß – der große Ball.

- Ein Frosch kann weit springen, weil er ___ Hinterbeine hat.
- Der Igel wehrt sich mit seinen ___ Stacheln.
- Unsere Katze hat ein ganz ___ Fell.
- Der Adler ist ein besonders ___ Flieger.
- Unser Nachbar besitzt ein ___ Kaninchen.
- Rehe sind sehr ___ Waldtiere.

weich	spitz	scheu	niedlich	lang	gut

2. Schreibe den Text mit den passenden Wiewörtern auf.
Markiere die Endungen.

Satzarten – Satzzeichen

Am Satzanfang schreibst du immer groß.
Aussagesätze enden mit einem Punkt.

Es wird Herbst die Äpfel müssen gepflückt werden Herr Schumann holt eine Leiter vorsichtig klettert er hinauf den Korb hängt er an einen Zweig er legt die Äpfel hinein schon jetzt freut er sich auf die leckeren Bratäpfel im Winter

❶ Schreibe den Text richtig auf.

❷ Markiere die Punkte und Satzanfänge farbig.

Viele **Fragesätze** beginnen mit Fragewörtern: wer/wie/warum/wo/wann. Am Ende eines Fragesatzes steht ein Fragezeichen.

- … ist es passiert …
- … ist mein Fahrrad …
- … ruft denn endlich die Polizei …
- … hilft mir denn niemand …
- … komme ich jetzt zurück nach Hause …

❸ Schreibe die Fragen vollständig auf.

Du kannst am Klang erkennen, um welche Satzart es sich handelt.

Sätze, in denen jemand etwas ausruft, heißen **Ausrufesätze.**
Sie enden mit einem Ausrufezeichen.

Zu spät … Platz da … Huch … Ruhe … Das ist ja lustig …

❹ Schreibe die Sätze mit den richtigen Satzzeichen auf.

Selbstlaute und Mitlaute

A B C D **E** F G H **I** J K L M N **O** P Q R S T **U** V W X Y Z
A, E, I, O , U heißen **Selbstlaute.**
Alle anderen heißen **Mitlaute.** Bei ihnen klingen Selbstlaute mit.

Diese Namenwörter haben viele Selbstlaute:

Tomatensalat	Ananasdose	Limonadenflasche
Bananentorte	Salamipizza	Marmeladenbrot

1. Schreibe die Wörter ab und markiere die Selbstlaute farbig.

*B_rn_* *_r_ng_* *M_l_n_* *Z_tr_n_* *K_w_*

2. Schreibe die Namenwörter mit den richtigen Selbstlauten auf.

Schalter	Wand	Mond	Rind	Hose	Hahn
u	i	u	a	a	u

3. Schreibe die Wortpaare so auf: *der Schalter – die Schulter, …*

Es gibt kurz (Kuss) und lang (Bluse) gesprochene Selbstlaute.

Ball	Name	Hecke	Regen	Riss	Riese

4. Schreibe die Wörter ab. Mache einen Punkt unter kurz gesprochene und einen Strich unter lang gesprochene Selbstlaute.

Umlaute

Ä, ö und **ü** sind Umlaute. Bei manchen Namenwörtern wird in der Mehrzahl aus einem Selbstlaut ein Umlaut.

ein Ast	*viele ▒ste*
ein Hut	*viele H▒te*
eine Bank	*viele B▒nke*
ein Buch	*viele B▒cher*
ein Ton	*viele T▒ne*
ein Kopf	*viele K▒pfe*

1. Schreibe die Wortpaare so auf: *ein Ast – viele Äste.* Markiere die Umlaute farbig.

Doppellaute

Au/au, Ei/ei und **Eu/eu** nennt man **Doppellaute.** Sie bestehen aus zwei Selbstlauten.

▒ns, zw▒, dr▒,
alt ist nicht n▒.
Kalt ist nicht h▒ß,
schwarz ist nicht w▒ß.
Rot ist nicht bl▒,
w▒ß ist nicht gr▒.

2. Schreibe den Text ab. Markiere die Doppellaute farbig.

Silben

Wörter haben Silben. Mehrsilbige Wörter kannst du trennen.

❶ Aus diesen Silben kannst du Tiernamen zusammensetzen.
Schreibe die Wörter nach Silben geordnet in eine Tabelle.

1 Silbe	*2 Silben*	*3 Silben*

Ameise	Biene	Ente
Frosch	Eule	Käfer

❷ Schreibe diese Wörter getrennt auf einen Papierstreifen. Schneide sie an der Trennstelle auseinander und mische die Schnipsel. Nun finde die Wörter wieder zusammen.

❸ Erfinde selbst Wörter mit möglichst vielen Silben:
Meerschweinchenfutterspendeautomat
Du kannst auch in die Wörterliste schauen.

In jeder Silbe steht mindestens ein Selbstlaut oder Umlaut.

Elefant	Hund	Hase	Vogel	Schmetterling	Wal

❹ Schreibe die Wörter nach Silben getrennt auf.
Markiere in jeder Silbe den Selbstlaut farbig.

Wortbausteine

Wörter bestehen aus **Bausteinen.**
Dazu gehören die Endungen: -en, -el, -er.

-el	-en	-er

Gart  Käf  Flüg 

Amp  Mutt  Neb

Vat  Zwieb  Fad 

❶ Schreibe die Wörter auf. Markiere die Endungen farbig.

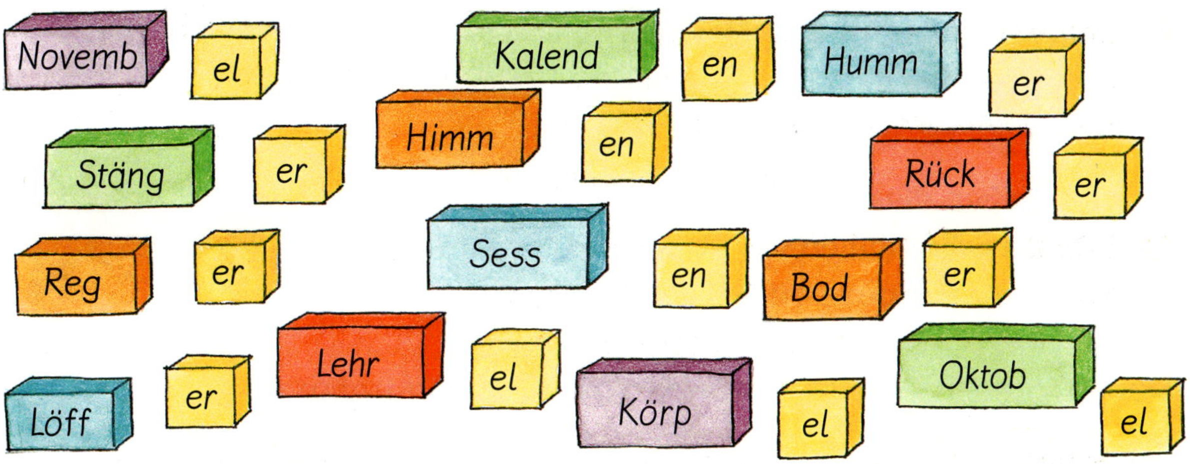

❷ Baue die Wörter richtig zusammen.

❸ Ordne die Wörter in eine Tabelle ein. Finde noch weitere Beispiele.

-en	-el	-er

Wörter mit ie

Hörst du ein langes i, musst du meist ie schreiben: Fliege, Papier.

Pap▒r K▒rche L▒gen D▒ner fr▒sch l▒b

W▒se F▒nger Br▒f s▒tzen L▒d L▒cht K▒nd

1 Kurz · oder lang —? Entscheide und ordne in die Tabelle ein.

i ·	ie –
Kirche	Brief

2 Wie heißen diese Tiere?
Schreibe die Namen der Tiere auf.
Markiere das kurze oder das lange i so: · —

Sieben Wiesel | liefen über eine Wiese. | Da trafen sie | auf einen Igel. | Der rief: | „Ich bin so stark | wie ein Tiger!“ | Die Wiesel | lachten sich schief | und einer rief: | „Den Igel kenne ich. | Der will immer angeben! | Er wird schon sehen, | wer stärker ist.“ | Doch als er | den Igel besiegen wollte, | stach er sich | an seinen spitzen Stacheln | und lief davon. | War der Igel | nun ein Angeber?

3 Übe den Text als Diktat.

Wörter mit st/sp

Bei Wörtern mit Sp/sp und St/st hörst du scht und schp, schreibst aber St/st und Sp/sp.

❶ Schreibe diese Wörter auf. Sprich sie deutlich. Markiere sp/st farbig.

Wörter mit Qu/qu

Bei Wörtern mit Qu/qu hörst du kw, schreibst aber Qu/qu.

❷ Finde die Wörter heraus und bilde mit jedem Wort einen Satz. Markiere Qu/qu farbig.

Diktate üben

1. Dosendiktat:
Schreibe jedes Wort auf ein Kärtchen. Nimm nun ein Kärtchen und schau es dir genau an. Schreibe das Wort mit dem Finger auf den Tisch. Dann stecke das Kärtchen in die Dose. Schreibe das Wort auswendig auf. Am Schluss vergleiche mit den Wörtern in der Dose.

2. Röllchendiktat:
Schreibe jeden Satz auf einen Papierstreifen. Ziehe alle Papierstreifen vorsichtig über die Scherenkante, damit sie sich einrollen. Nimm dir nun einen Papierstreifen, rolle ihn aus und lies den Satz genau. Lass den Papierstreifen los und schreibe den Satz auswendig auf. So machst du es mit allen Sätzen.

3. Partnerdiktat:
Lest beide den Text. Ein Kind diktiert, das andere Kind schreibt. Kontrolliert den Text und berichtigt die Fehler. Nun kann gewechselt werden.

4. Partner-Stopp-Diktat:
Lest beide den Text. Ein Kind diktiert und liest mit. Das andere Kind schreibt. Bei einem Fehler ruft das mitlesende Kind: „Stopp!". Der Fehler wird berichtigt. Nun kann gewechselt werden.

5. Schleichdiktat
Lies den Text. Lege ihn irgendwo im Zimmer ab. Merke dir die ersten Wörter, schleiche auf deinen Platz und schreibe sie auf. Dann schleiche wieder zu deinem Text, merke dir die nächsten Wörter, schleiche wieder zum Platz und schreibe sie auf. Schleiche hin und her, bis du den ganzen Text geschrieben hast. Am Schluss hole den Text an deinen Platz und vergleiche genau.

6. Kassettendiktat:
Sprich den Text deutlich auf eine Kassette. Höre dann einen kurzen Abschnitt von der Kassette an und drücke die Pausentaste. Schreibe den Abschnitt auf. Höre dann den nächsten Abschnitt und schreibe ihn auf. Am Schluss höre den ganzen Text noch einmal an und kontrolliere, ob du Wörter ausgelassen hast.

Wörterliste

A

ab
aber
der Abend, die Abende
acht
alle, alles
allein (sein)
alt, älter
als
also
am
die Ampel, die Ampeln
anfangen, fängt an
angeln, angelt
antworten, antwortet
der Apfel, die Äpfel
der April
arbeiten, arbeitet
der Arm, die Arme
arm
der Ast, die Äste
auch
auf
aufeinander
die Aufgabe, die Aufgaben
aufpassen, passt auf
das Auge, die Augen
der August
aus
ausruhen, ruht aus
aussehen, sieht aus
das Auto, die Autos

B

das Baby, die Babys
baden, badet
bald
der Ball, die Bälle
das Band, die Bänder
die Bank, die Bänke
der Bauch, die Bäuche
bauen, baut
der Baum, die Bäume
bei
das Bein, die Beine
benutzen, benutzt
das Bett, die Betten
bewegen, bewegt
bezahlen, bezahlt
die Biene, die Bienen
das Bild, die Bilder
die Birne, die Birnen
bitten, bittet
das Blatt, die Blätter
blau
bleiben, bleibt
die Blume, die Blumen
blühen, blüht
die Blüte, die Blüten
der Boden, die Böden
böse
braun
breit
die Brezel, die Brezeln
der Brief, die Briefe
bringen, bringt
das Brot, die Brote, das Brötchen
der Bruder, die Brüder
der Brunnen, die Brunnen
das Buch, die Bücher
die Bücherei, die Büchereien
bunt
der Busch, die Büsche

C

der Cent, die Cents aber die 20 Cent
der Christbaum, die Christbäume
der Computer, die Computer
der Cousin, die Cousins
die Cousine, die Cousinen

D

da
das Dach, die Dächer
damit
danken, dankt

dann
das
dass
decken, deckt
dein, deine, deiner
den
denken, denkt
denn
der, des
deutsch
der Dezember
dicht
dick
die
der Dienstag
dies, diese, dieser, dieses
das Diktat, die Diktate
das Ding, die Dinge
der Donnerstag
das Dorf, die Dörfer
drei
dreizehn
der Duft, die Düfte
du, dich
dunkel
dürfen, darf

E

eckig
das Ei, die Eier
der Eimer, die Eimer
ein, eine, einer, eines
eins
das Eis
der Elefant, die Elefanten
elf
die Eltern
das Ende, die Enden
eng
England
englisch
entdecken, entdeckt
die Ente, die Enten
er
die Erde
erkennen, erkennt
erschrecken, erschrickt
erzählen, erzählt
es
der Esel, die Esel
essen, isst
etwas
euch
euer, eure
die Eule, die Eulen
der Euro, die Euros aber 20 Euro

F

fahren, fährt
das Fahrrad, die Fahrräder
die Fahrt, die Fahrten
fallen, fällt
die Familie, die Familien
fangen, fängt
fast
faul
der Februar
die Fee, die Feen
der Fehler, die Fehler
fein
das Feld, die Felder
das Fenster, die Fenster
die Ferien
das Fernsehen
das Feuer, die Feuer
die Figur, die Figuren
der Film, die Filme
finden, findet
der Finger, die Finger
der Fisch, die Fische
flach
die Flasche, die Flaschen
fleißig
die Fliege, die Fliegen
fliegen, fliegt
fließen, fließt
das Floß, die Flöße
der Flügel, die Flügel
der Fluss, die Flüsse
flüssig
fragen, fragt
die Frau, die Frauen
der Freitag
fremd, fremder

der Fremde, die Fremden
die Freude
freuen, freut
der Freund, die Freunde
die Freundin, die Freundinnen
freundlich
frisch
der Frosch, die Frösche
die Frucht, die Früchte
früh
der Frühling
frühstücken, frühstückt
füllen, füllt
der Füller, die Füller
fünf
für
der Fuß, die Füße
der Fußball, die Fußbälle
das Futter
füttern, füttert

G

die Gabel, die Gabeln
ganz, ganze, ganzer
der Garten, die Gärten
geben, gibt
der Geburtstag, die Geburtstage
gehen, geht
gelb, gelbe
das Geld
das Gemüse
gern
das Geschenk, die Geschenke
das Gesicht, die Gesichter
das Gespenst, die Gespenster
gestern
gesund
die Giraffe, die Giraffen
das Glas, die Gläser
glatt
das Glück
das Gras, die Gräser
grau
groß, größer
die Großmutter, die Großmütter
der Großvater, die Großväter
grün
gut

H

das Haar, die Haare
haben, hat
der Hahn, die Hähne
der Hals, die Hälse
halten, hält
die Hand, die Hände
hart, härter
der Hase, die Hasen
hässlich
das Haus, die Häuser
die Haut, die Häute
die Hecke, die Hecken
heiraten, heiratet
heiß
heißen, heißt
helfen, hilft
hell
das Hemd, die Hemden
her
der Herbst
der Herr, die Herren
heute
die Hexe, die Hexen
hier
die Hilfe
der Himmel, die Himmel
hin
hinauf
hinter
der Hof, die Höfe
hoffen, hofft
hoffentlich
holen, holt
das Holz, die Hölzer
hören, hört
die Hose, die Hosen

das Huhn, die Hühner
die Hummel, die Hummeln
der Hund, die Hunde
hundert
der Hut, die Hüte

I

ich
der Igel, die Igel
ihm
ihn
ihnen
ihr
ihre
im
immer
in
ins
die Insel, die Inseln
das Internet

J

ja
das Jahr, die Jahre
der Januar
jede, jeder, jedes
der Juli
der Junge, die Jungen
der Juni

K

der Käfer, die Käfer
der Kaffee
der Kalender, die Kalender
kalt, kälter
die Kälte
die Kanne, die Kannen
die Katze, die Katzen
kaufen, kauft
kein, keine, keiner
der Keks, die Kekse
das Kind, die Kinder
die Kirche, die Kirchen
die Klasse, die Klassen
der Klee
das Kleid, die Kleider
klein
kochen, kocht
kommen, kommt
können, kann
der Kopf, die Köpfe
der Körper, die Körper
krank
das Kraut, die Kräuter
der Kuchen, die Kuchen
die Kuh, die Kühe
kurz

L

lachen, lacht
das Lager, die Lager
lang
langsam
lassen, lässt
laufen, läuft
laut
leben, lebt
legen, legt
die Lehrerin, die Lehrerinnen
leicht
leise
lernen, lernt
lesen, liest
die Leute
das Lexikon, die Lexika
das Licht, die Lichter
lieb
lieben, liebt
das Lied, die Lieder
liegen, liegt
der Löffel, die Löffel
der Löwe, die Löwen
lustig, lustiger

M

machen, macht
das Mädchen, die Mädchen
der Mai
malen, malt
die Mama, die Mamas
manchmal
der Mann, die Männer
die Mappe, die Mappen
das Märchen, die Märchen
der März

die Matte, die Matten
die Maus, die Mäuse
das Meer, die Meere
mehr
mehrere
mein, meine
der Mensch, die Menschen
das Messer, die Messer
die Minute, die Minuten
mir
mit
der Mittwoch
möchten, möchte
mögen, mag
die Möhre, die Möhren
der Monat, die Monate
der Mond, die Monde
der Montag
morgen
müde
der Mund, die Münder
die Musik
müssen, muss
mutig, mutiger
die Mutter, die Mütter
die Mütze, die Mützen

N

nach
der Nachmittag, die Nachmittage
die Nacht, die Nächte
nähen, näht
der Name, die Namen
die Nase, die Nasen
der Nebel, die Nebel
neben
nehmen, nimmt
nein
neu
neun
nicht
nichts
nie
noch
der November
nun
nur
die Nuss, die Nüsse

O

ob
das Obst
oder
der Ofen, die Öfen
offen
oft
das Ohr, die Ohren
der Oktober
die Oma, die Omas
der Onkel, die Onkel
der Opa, die Opas
ordentlich
das Ostern, die Ostern

P

der Papa, die Papas
die Pappe, die Pappen
das Papier
passen, passt
die Pause, die Pausen
der Pfadfinder, die Pfadfinder
das Pferd, die Pferde
pflanzen, pflanzt
die Pflanze, die Pflanzen
pflegen, pflegt
die Pizza, die Pizzas oder Pizzen
das Plakat, die Plakate
der Platz, die Plätze
plötzlich
der Polizist, die Polizistin
die Pommes
die Post
der Preis, die Preise
der Pullover, die Pullover
die Puppe, die Puppen
putzig

Q

das Quadrat, die Quadrate
quadratisch
quaken, quakt
die Qualle, die Quallen
quer
quieken, quiekt

R

das Radio, die Radios
raten, rät
die Ratte, die Ratten
rau
der Raum, die Räume
die Raupe, die Raupen
rechnen, rechnet
rechts
reden, redet
der Regen
reich
reisen, reist
rennen, rennt
richtig, richtige
die Richtung, die Richtungen
riechen, riecht
der Riese, die Riesen
der Ritter, die Ritter
der Rock, die Röcke
die Rolle, die Rollen
rollen, rollt
der Roller, die Roller
rot
der Rücken, die Rücken
rufen, ruft
rund, runder
der Rüssel, die Rüssel

S

der Saft, die Säfte
sagen, sagt
das Salz
sammeln, sammelt
der Samstag
der Sand, die Sande
sandig, sandiger
der Satz, die Sätze
der Schatz, die Schätze
schauen, schaut
scheinen, scheint
schenken, schenkt
die Schere, die Scheren
schlafen, schläft
schlagen, schlägt
schließen, schließt
der Schlitten, die Schlitten
der Schluss, die Schlüsse
schmal
schmecken, schmeckt
der Schmetterling, die Schmetterlinge
schmutzig, schmutziger
der Schnabel, die Schnäbel
der Schnee
schneiden, schneidet
schnell
schnitzen, schnitzt
schon
schön
schreiben, schreibt
schreien, schreit
der Schuh, die Schuhe
die Schule, die Schulen
die Schüssel, die Schüsseln
schwach, schwächer
schwarz
schwer
die Schwester, die Schwestern
schwimmen, schwimmt
sechs
der See, die Seen
sehen, sieht
die Seife, die Seifen
sein, ist
sein, seine, seiner
die Sekunde, die Sekunden
der September
setzen, setzt
sie
sieben
siegen, siegt
singen, singt
sitzen, sitzt
das Skelett, die Skelette
sogar
der Sohn, die Söhne

sollen, soll
der Sommer
die Sonne, die Sonnen
der Sonntag
die Spagetti
sparen, spart
der Spaß, die Späße
spät
der Spiegel, die Spiegel
spielen, spielt
der Sport
sprechen, spricht
springen, springt
spuken, spukt
die Stadt, die Städte
die Stange, die Stangen
der Stängel, die Stängel
stark, stärker
stehen, steht
steil
der Stein, die Steine
stellen, stellt
der Stern, die Sterne
der Stiefel, die Stiefel
der Stift, die Stifte
still
die Stirn, die Stirnen
der Stock, die Stöcke
stolpern, stolpert
der Storch, die Störche
die Straße, die Straßen
der Strauch, die Sträucher
streicheln, streichelt
streiten, streitet
der Strumpf, die Strümpfe
der Stuhl, die Stühle
die Stunde, die Stunden
der Sturm, die Stürme
suchen, sucht
die Suppe, die Suppen
süß

T

der Tag, die Tage
täglich
die Tante, die Tanten
die Tasche, die Taschen
die Tasse, die Tassen
das Taxi, die Taxis
der Teddy, die Teddys
der Tee, die Tees
das Telefon, die Telefone
der Teller, die Teller
die Temperatur, die Temperaturen
der Text, die Texte
das Thermometer, die Thermometer
das Tier, die Tiere
der Tisch, die Tische
toben, tobt
die Tochter, die Töchter
toll
tragen, trägt
der Traum, die Träume
träumen, träumt
treffen, trifft
treiben, treibt
trinken, trinkt
der Turm, die Türme
turnen, turnt

U

üben, übt
über
überall
das Ufer, die Ufer
die Uhr, die Uhren
um
und
unglücklich
unheimlich
uns
unser, unsere
unten
unter
unternehmen, unternimmt

V

der Vater, die Väter
der Verkäufer,
die Verkäuferin
der Verkehr
verstecken,
versteckt
verstehen, versteht
versuchen,
versucht
viel, viele
vielleicht
vier
der Vogel, die Vögel
vom
von
vor
vorbei
vormachen, macht
vor
vorsagen, sagt vor

W

wach
wann
warm
die Wärme
warten, wartet
warum
was
waschen, wäscht
das Wasser
die Watte
der Weg, die Wege
wehen, weht
weich
das Weihnachten,
die Weihnachten
weil
weinen, weint
weiß
weit
welche, welcher,
welches
die Welle, die Wellen
die Welt, die Welten
wer, wem, wen
wenig, weniger
wenn
werden, wird
das Wetter
wie
wieder
die Wiese, die Wiesen
das Wiesel, die Wiesel
der Wind, die Winde
winken, winkt
der Winter
winzig, winziger
wir
wissen, weiß
wo
die Woche, die
Wochen
wohnen, wohnt
die Wolke, die Wolken
die Wolle
wollen, will
das Wort, die Wörter
wünschen, wünscht
der Wurm, die Würmer
die Wurzel,
die Wurzeln

Z

die Zahl, die Zahlen
zählen, zählt
der Zahn, die Zähne
die Zehe, die Zehen
zeigen, zeigt
die Zeit, die Zeiten
die Zeitschrift,
die Zeitschriften
die Zeitung,
die Zeitungen
das Zelt, die Zelte
die Ziege, die Ziegen
das Zimmer,
die Zimmer
die Zitrone,
die Zitronen
der Zucker
zu, zum, zur
zusammen
zwei
der Zwerg, die Zwerge
die Zwiebel,
die Zwiebeln
zwölf

Leselexikon

Alphabet Alle Buchstaben unserer Schrift nennen wir das Abc oder auch Alphabet. Der Name setzt sich zusammen aus Alpha und Beta. Das sind die ersten Buchstaben des griechischen Alphabets.

Ameisenbär Der Name „Ameisenbär“ bezieht sich auf die bevorzugte Nahrung des Tieres: Ameisen. Der Ameisenbär holt sie mit seiner langen, klebrigen Zunge aus den Ameisennestern heraus. Sein Körper kann bis zu 2 m lang werden. Das Fell ist struppig und braun, sein Kopf schmal mit einer langen Schnauze. Er lebt in Süd- und Mittelamerika.

Artisten Artisten nennt man die Künstler im Zirkus. Sie balancieren zum Beispiel auf dem Seil, turnen, jonglieren oder sie treten mit dressierten Tieren auf.

Astern Astern werden auch Sternblumen genannt, da sie zahllose strahlenförmige Blütenblätter haben. Es gibt sehr viele unterschiedliche Arten, die in verschiedenen Farben bis zum Spätherbst blühen.

Autor/-in Autoren sind Personen, die sich einen Text ausdenken und schreiben. Man nennt sie auch Schriftsteller/-innen.

Bauspielplatz Ein Bauspielplatz ist eine Einrichtung, in der Kinder zusammen mit Erziehern ihre Freizeit verbringen können. Es gibt ganz unterschiedliche Angebote. Kleinere Kinder können im Sandkasten spielen, aber man kann auch allein oder in der Gruppe Hütten bauen, Holz und andere Werkstoffe bearbeiten, Fußball oder Tischtennis spielen oder am Feuer Stockbrot backen.

Bienenstock Bienen leben in einem Bienenstock. In der Natur suchen sie sich hohle Baumstämme. Menschen halten Bienen in Holzkästen oder Körben.

Buchillustration Wer das Fach Buchillustration studiert, wird später Illustrator/-in. Illustratoren/-innen malen Bilder zu einem Buch. Besonders viele Illustrationen findest du in Bilderbüchern. Bilder können helfen, einen Text besser zu verstehen.

Dinosaurierknochen Dinosaurier lebten lange, bevor es die ersten Menschen gab. Sie sind längst ausgestorben. Die Knochen dieser Tiere werden aber auch heute noch in der Erde gefunden.

Dip Ein Dip ist eine dickflüssige, kalte Soße, in die Gemüse, Brot und Ähnliches eingetaucht wird. Er kann süß, sauer oder scharf schmecken.

Elefant Der Elefant ist das größte Säugetier, das an Land lebt. Er ist Pflanzenfresser. Es gibt zwei Arten:
- Den asiatischen Elefanten erkennt man an den kleinen Ohren.
- Der afrikanische Elefant hat große Ohren.

Figuren Das Wort „Figuren“ hat verschiedene Bedeutungen. Figuren können Personen oder Gestalten in einem Buch, im Film oder Theater sein. Sie spielen in einer Geschichte mit.

Geschmacksknospen Die Geschmacksknospen befinden sich vor allem auf der Zunge. Mit ihnen nimmt man unterschiedliche Geschmacksrichtungen wahr. Kinder haben die meisten Geschmacksknospen. Je älter man wird, umso weniger Geschmacksknospen hat man.

Haferbrei Haferbrei wird auch Hafergrütze genannt. Das Wort „Grütze“ kommt aus dem Althochdeutschen und bedeutet eigentlich Grobgemahlenes. Früher aßen die Menschen oft Haferbrei zu den Mahlzeiten.

Hauptstadt Die Hauptstadt eines Landes ist meistens die Stadt, in der die Regierung ihren Sitz hat.
Sie ist nicht immer die größte Stadt.
Die Hauptstadt von Deutschland ist Berlin.

Hörspiel Bei einem Hörspiel wird eine Geschichte nur mit Wörtern und Geräuschen erzählt. Die Bilder dazu entwickeln sich dann im Kopf des Zuhörers.
Mit der Erfindung des Radios entstanden die ersten Hörspiele. Heute kann man Hörspiele auch auf Kassette oder CD hören.

Internet Das Internet verbindet viele Computer auf der ganzen Welt wie ein Netz (englisch: net). Deshalb wird es manchmal auch nur „das Netz“ genannt.
Im Netz können Informationen und Bilder an andere Computer gesendet werden.

Kakadu Kakadus leben in Australien und Südostasien.
Sie gehören zu den Papageien. Es gibt 17 verschiedene Kakaduarten. Der größte Kakadu wird bis zu 80 cm lang.

Kaulquappen Kaulquappen sind die Larven der Frösche. Aus ihnen entwickeln sich Frösche.

Klappentext Der Klappentext steht auf der Umschlagklappe eines Buches. Der Text fasst den Inhalt des Buches kurz zusammen und soll neugierig machen, das Buch zu lesen. Manchmal nennen wir ihn auch Rückseitentext.

Knecht Als Knecht bezeichnete man früher einen Mann, der auf einem Bauernhof bei der Arbeit half. Dafür konnte er dort wohnen und bekam Essen.

Komposthaufen Komposthaufen stehen meist in Gärten. Dort werden Gartenabfälle und alle Küchenreste, die von Pflanzen stammen, gesammelt. Diese verrotten dann zu nährstoffreicher Erde (Kompost).

Krämer Krämer ist die alte Bezeichnung für einen Händler, der Waren kauft und in einem Kramladen wieder verkauft. In Österreich sagt man noch heute Krämer.

Lexikon Im Lexikon können wir Begriffe nachschlagen, deren Bedeutung wir nicht kennen. Alle Begriffe sind alphabetisch geordnet. Zu einem Lexikon gehören oft zehn und mehr Bände.

Limerick Ein Limerick ist ein fünfzeiliges Gedicht mit wunderlich-komischem Inhalt. Es hat seinen Namen nach der irischen Stadt Limerick.

Manege Die Auftrittsfläche für Artisten heißt im Zirkus Manege. Sie ist meist rund und hat einen Eingang, durch den die Artisten und die Tiere hinein kommen. Um die Manege herum sitzen die Zuschauer auf Zuschauerbänken.

Milben Milben sind winzig kleine Spinnentiere, die sich durch Eier vermehren. Hausmilben ernähren sich von Haut- und Haarresten, die sie zu Staub verdauen.

Münster	Ein Münster war früher eine Kirche, die als Teil eines Klosters gebaut wurde. Im 13. Jahrhundert entwickelte sich daraus die Bedeutung Großkirche, so dass in Süddeutschland und angrenzenden Ländern mit Münster viele Kirchen bezeichnet wurden.
Nektar	Der Nektar ist eine zuckerhaltige Flüssigkeit, die von vielen Blüten abgegeben wird. Er befindet sich meist am Blütenboden. Er dient Bienen, Hummeln, Schmetterlingen und anderen Insekten als Nahrung. Die Bienen stellen aus Nektar Honig her.
Porträt	Das Wort „Porträt" kommt aus dem Französischen. Es ist ein anderes Wort für ein gemaltes oder fotografiertes Bild von einem Menschen.
präparieren	Wenn wir etwas besonders sorgfältig vorbereiten, präparieren wir es. Zauberer arbeiten oft mit sorgfältig vorbereiteten Hilfsmitteln, damit es so scheint, dass sie wirklich etwas verzaubert haben. Man sagt dann, sie haben etwas präpariert.
Reisig	Unter Reisig versteht man dünne Zweige mit Rinde.
Residenz	Die Residenz ist der Sitz des Staatsoberhauptes, des Landesfürsten oder eines hohen geistlichen Würdenträgers.
Schmalzbrot	Schmalz wird aus Schweinespeck hergestellt. Es ist ein Fett, das man als Brotaufstrich und zum Braten von Fleisch verwenden kann.
Schneewehe	Eine Schneewehe entsteht, wenn der Wind Schnee zu einem Hügel zusammenweht.

Spätzle Das Wort „Spätzle“ bedeutet kleine Spatzen. Spätzle sind eine süddeutsche Mehlspeise. Der Teig wird in Streifen von einem Brett geschabt und in siedendem Salzwasser gar gekocht.

Stadion Ein Stadion ist ein Sportplatz mit Zuschauertribünen. Große Sportwettkämpfe finden in Stadien statt, so dass viele Zuschauer die Sportler beobachten und anfeuern können.

Wissenschaftler/-in Wissenschaftler/-innen sind Menschen, die Dinge erforschen und diese zu erklären versuchen.

Witwe Man nennt eine Frau eine Witwe, wenn ihr Ehemann gestorben ist. Stirbt die Ehefrau, so nennt man den Mann Witwer.

Zauberformel Zauberformeln oder Zaubersprüche spricht man, um die Zuschauer davon abzulenken, dass man gar nicht zaubert, sondern einen Zaubertrick vorführt! Im Märchen sprechen Zauberer, Hexen oder Feen Zauberformeln. Oft verwendet man die Zauberformeln „Simsalabim“ oder „Abrakadabra“.

Zaum Der Zaum ist ein Riemen aus Leder, mit dem man Pferde, Esel oder Rinder führen und lenken kann. Das Zaumzeug besteht aus einem Kopf- und einem Gebissteil.

Zwetschgenbäume Zwetschgen gehören zur Familie der Pflaumen. Sie sind ein Steinobst. Die Früchte werden zwischen Juni und Oktober reif. In Süddeutschland werden sie Zwetschgen genannt, in Norddeutschland sagt man Zwetschen.

Quellennachweis

S. 10: Schimmler, Ute: A und B und C. Originalbeitrag
S. 15: Die Katze. Aus: Dolenc, Ruth; Fisgus, Christel; Kraft, Gertrud; Röbe, Edeltraud; Röbe, Heinrich: Das Auer Sprachbuch. Auer Verlag, Donauwörth 2001.
S. 18: Zungenbrecher. Volksgut.
S. 18: Schimmler, Ute: Lauter Unsinn. Originalbeitrag.
S. 19: Guggenmos, Josef: Das Abc im Rückwärtsgang. Aus: Guggenmos, Josef: Sonne, Mond und Luftballon. Gedichte für Kinder. Beltz Verlag, Weinheim und Basel 1984.
S. 19: Manz, Hans: Das A und das U. Aus: Manz, Hans: Lieber heute als morgen. Beltz Verlag, Weinheim und Basel 1988.
S. 20: Kreft, Marianne: Sabine. Aus: Hans-Joachim Gelberg (Hrsg.): Überall und neben dir. Beltz & Gelberg, Weinheim 1986.
S. 21: Mayer-Skumanz, Lene: Jakob ist traurig, Jakob ist froh. Aus: Mayer-Skumanz, Lene: Das Kindernest. Herder, Wien-Freiburg-Basel 1987.
S. 22: Hoffmann, Klaus W.: Wenn ich glücklich bin. Aus: Hoffmann, Klaus W.: Das Lied von den Gefühlen / Wenn ich glücklich bin. © Aktive Verlagsgesellschaft mbH, Dortmund.
S. 23: Ende, Michael: Beim Heulen zu sagen. Aus: Ende, Michael: Das Schnurpsenbuch. Thienemann Verlag, Stuttgart-Wien 1979.
S. 24: Bydlinski, Georg: Wann Freunde wichtig sind. Aus: Bydlinski, Georg: Wasserhahn und Wasserhenne. Dachsverlag, Wien 2002.
S. 24: Krenzer, Rolf: Das wünsche ich mir. Aus: Krenzer, Rolf: Hallo, Tag & Mein Kalenderbuch. Lahn-Verlag, Limburg 1990.
S. 25: Härtling, Peter: Sofie hat einen neuen Pullover. Aus: Härtling, Peter: Sofie macht Geschichten. Beltz & Gelberg Verlag, Weinheim & Basel 1987.
S. 26: McBratney, Sam / Jeram, Anita: Weißt du eigentlich, wie lieb ich dich hab? (Textauszug). Sauerländer Verlag, Frankfurt / Salzburg 1997.
S. 27: Auer, Susanne: Lieblingstiere. Originalbeitrag.
S. 32: Paul, Jean: Bücher lesen ... Aus: Franz, Kurt: Lesen macht stark. Alles über Bücher. Deutscher Taschenbuchverlag, München, 5. Auflage 1988.
S. 36: Guggenmos, Josef: Meine Bücher. Aus: Guggenmos, Josef: Das kunterbunte Kinderbuch. Herder Verlag, Freiburg 1962.
S. 37: Brender, Irmela: Simsalabim. Aus: Brender, Irmela: War mal ein Lama in Alabama. Oetinger Verlag, Hamburg 2001.
S. 40: Kloos, Camilla: Sieben liebe Riesen. Orginalbeitrag.
S. 44: Guggenmos, Josef: Der Brief. Aus: Guggenmos, Josef: Was denkt die Maus am Donnerstag? Georg Bitter Verlag, Recklinghausen 1967.
S.45: Janosch: Post für den Tiger. (gekürzt) Aus: Janosch: Post für den Tiger. Beltz & Gelberg Verlag, Weinheim & Basel 1988.
S. 46/47: Moser, Erwin: Xaveria Rotpelz, die Bücherkatze. Aus: Moser, Erwin: Der Siebenschläfer. Beltz Verlag, Weinheim und Basel 1991.
S. 47: Lindgren, Astrid: Bücherduft. Aus: Lindgren, Astrid: Das entschwundene Land. Oetinger Verlag, Hamburg 1977.
S. 48/49: Steinwart, Anne: Ein Tiger will lesen. Aus: Steinwart, Anne: Kleine Mutmachgeschichten. Schulausgabe, Hase und Igel Verlag, Ismaning 2000.
S. 50/51: Funke, Cornelia: Lilli, Flosse und der Seeteufel. Fischer Taschenbuch Verlag GmbH, Frankfurt am Main 2000.
S. 54/55: Hock-Schatz, Angela: Rund um die Bibliothek. Originalbeitrag.
S. 63: Ehrhardt, Monika / Lakomy, Reinhard: Ich bin der Traumzauberbaum. Aus: Ehrhardt, Monika / Lakomy, Reinhard: Der Traumzauberbaum, Geschichten-lieder. Edition Peters Leipzig / Dresden 1985. © Lakomy, Reinhard / Ehrhardt, Monika. Rechte beim Urheber.
S. 71: Ruck-Pauquèt, Gina: Hausspruch. Aus: Wunder Welt. Schwann-Verlag, Düsseldorf 1968.
S. 74: Trautmann, Sabine: Der Elefant im Apfelbaum. Originalbeitrag.
S. 75: Trautmann, Sabine: Hier reimt sich was. Originalbeitrag.
S. 78: Könner, Alfred: Wovon träumt der Igel. Abel & Müller-Verlag, 1. Auflage Leipzig.
S. 79: Krüss, James: Wenn die Tiere träumen. Aus: Krüss, James: Der wohltemperierte Leierkasten. Bertelsmann, München 1989.
S. 80/81: Mai, Manfred: Der Schlumischubu. Aus: Die schönsten 1-2-3 Minutengeschichten. Verlag Ravensburg 2001.
S. 81: Ende, Michael: Zum Einschlafen zu murmeln. Aus: Das Schnurpsenbuch. Verlag Thienemann, Stuttgart 1979.
S. 82: Trautmann, Sabine: Winterschlaf. Originalbeitrag.
S. 83: Trautmann, Sabine: Wie ein Igel im Garten überwintern kann. Originalbeitrag.
S. 84/85: Schubert, Ulli: Der flüsternde Tiger. Aus: Lesepiraten Kuschelgeschichten. Loewe Verlag, Bindlach 2001.
S. 98: Manz, Hans: Du. Aus: Manz, Hans: Mit Wörtern fliegen. Beltz Verlag, Weinheim & Basel 1995.
S. 104/105: Schulze, Hanneliese: Mit den Füßen sehen. Aus: Laterne, Laterne. Oetinger Verlag 2004.
S. 105: Kloos, Camilla: Meine Beine. Originalbeitrag.
S. 106: Heine, Helme: Heute geh ich aus dem Haus. Aus:

Heine, Helme: Vom Sehen, Hören, Schmecken, Riechen und ... Middelhauve Verlag, Köln, Zürich 1990.

S. 107: Trautmann, Sabine: Wie Tiere ihre Umwelt wahrnehmen. Originalbeitrag.

S. 108/109: Seuss, Dr.: Jeder Tag hat eine Farbe. C. Bertelsmann Jugendbuch Verlag, München 1997.

S. 110/111: Kloos, Camilla: Zauberei – nicht nur im Zirkus. Orginalbeitrag.

S. 112/113: Trautmann, Sabine: Sascha. Originalbeitrag.

S. 113: Schwarz, Regina: Meins. Aus: Gelberg, Hans-Joachim (Hrsg.): Augenaufmachen. 7. Jahrbuch der Kinderliteratur. Beltz Verlag, Weinheim & Basel 1984.

S. 114: Uebe, Ingrid: Spuk in der Speisekammer. Aus: Uebe, Ingrid: Kleine Spukgeschichten. arsEdition, München 2001.

S. 115: Trautmann, Sabine: Geschmackssache. Originalbeitrag.

S. 134: Schimmler, Ute: Hopscotch. Orginalbeitrag.

S. 135: Englische Reime. Volksgut.

S. 135: Kipling, Rudyard / Kloos, Camilla: Limerick. Aus: Dahl, Jürgen: Schmurgelstein, so herzbetrunken. In: Halbey, H. (Hrsg.), Carl Hanser Verlag, München / Wien 1988. Übersetzung: Orginalbeitrag.

S. 136/137: Langen, Annette: Briefe von Felix. Illustrationen von Constanze Droop, Coppenrath Verlag, Münster 1994.

S. 138/139: Schimmler, Ute: Spuk im Schloss. Originalbeitrag.

S. 140: Carroll, Lewis: Alice im Wunderland. Auszug. Artia Verlag, Prag 1979.

S. 141: Wie ein listiger Sperling sein Leben rettete. Aus: 100 Märchen von Grimm und den großen Märchenerzählern der Welt. Neuer Jugendschriftenverlag, Hannover 1973.

S. 145: Schimmler, Ute: Reime. Orginalbeitrag.

S. 159: Häusler, Yvonne: Der Zaubervogel. Orginalbeitrag.

S. 162/163: Ruck-Pauquèt, Gina: Und vorher? Aus: Xalando 2, Tag- und Traumgeschichten, Ravensburg, o. J.

S. 164/165: Der Ulmer Spatz. Volksgut.

S. 166/167: Ziebarth, Ursula: Wie es kam, dass der Hamster den Tiger fraß. © Rechte liegen bei Ursula Ziebarth, Berlin.

S. 168: Das Rübenziehen. Aus: Ellermann, H. (Hrsg.): Russische Volksmärchen, Hamburg und München 1964.

S. 169: Andersen, Hans Christian: Die Prinzessin auf der Erbse.

S. 170/171: Janosch: Der Wolf und die sieben Geißlein. Aus: Ders.: Janosch erzählt Grimms Märchen, Beltz Verlag, Weinheim & Basel 2001.

S. 178/179: Haas, Bärbel: Der Kern. GT Verlag, Würzburg 2000.

S. 180: Britting, Georg: Goldene Welt. Aus: Wagner, Magarete (Hrsg.): Unter dem Regenbogen. Verse und Gedichte aus alter Zeit für Kinder und Eltern. Aus dem Nachlass.

S. 181: Meiers, Kurt: Wir suchen den Herbst. Aus: Deutsch. Praxis Grundschule, Heft 4, 1988. Westermann Grundschulverlag GmbH, Braunschweig.

S. 182: Schölling, Josef: So ein dicker Nebel. Aus: Aschendorffs Lesebuch für Katholische Volksschulen. Aschendorffsche Verlagsbuchhandlung, Münster 1965.

S. 185: Kloos, Camilla: Klöpfelsingen. Originalbeitrag.

S. 185: Klöpfellied. Volksgut.

S. 186/187: Krenzer, Rolf: Michi spielt Nikolaus. Originaltitel: Uwe spielt Nicolaus. © Rolf Krenzer. © ab 1982 by Verlag Ernst Kaufmann, Lahr.

S. 187: Heiliger Nikolaus. Volksgut.

S. 188/189: Krüss, James: Die Weihnachtsmaus. Aus: Krüss, James: Die Weihnachtsmaus. Oetinger Verlag, Hamburg 1998.

S. 190/191: Kloos, Camilla: Das Märchen von den zwölf Monaten. Originalbeitrag (nach alten Märchenmotiven).

S. 192/193: Michels, Tilde: Es klopft bei Wanja in der Nacht. DTV Junior, München 2000.

S. 194: Hacks, Peter: Die Blätter an meinem Kalender. Aus: Hacks, Peter: Der Flohmarkt, Gedichte für Kinder. Benziger Verlag, Zürich / Düsseldorf 1973.

S. 195: Guggenmos, Josef: Ich male mir den Winter. Aus: Das Geisterschloss. Rowohlt Taschenbuchverlag, Reinbek 1974.

S. 196: Nordqvist, Sven: Aufruhr im Gemüsebeet. Friedrich Oetinger Verlag, Hamburg 1991.

S. 197: Heine, Helme: Der Hase mit der roten Nase. Aus: Ein Middelhauve-Bilderbuch. Middelhauve Verlag, Köln und Zürich 1987.

S. 198: Leonhardt, Heike: Der höchste Maibaum Deutschlands. Originalbeitrag.

S. 199: Auf der Wiese. Aus: Lucht, Irmgard: Die Wiesenuhr. Verlag Heinrich Ellermann, München 1982.

S. 200/201: Nöstlinger, Christine: Der wundervolle Hut. Aus: Geschichten vom Franz, Oetinger Verlag, Hamburg 1997.

S. 202: Künzler-Behncke, Rosemarie / Hoffmann, Klaus W.: Was im Sommer Spaß macht. Patmos Verlag, Düsseldorf 1998.

S. 203: Schimmler, Ute / Trautmann, Sabine: Ferien zu Hause. Originalbeitrag.

In wenigen Fällen ist es trotz umfangreicher Bemühungen nicht gelungen, die Rechteinhaber von Textbeiträgen ausfindi zu machen. Der Verlag ist hier für entsprechende Hinweise dankbar. Berechtigte Ansprüche werden selbstverständ Rahmen der üblichen Vereinbarungen abgegolten.

Bildnachweis

S. 4: Foto: Mädchen zeichnet mit Kreide auf dem Schulhof. © Corbis, (Macduff Everton), Düsseldorf.
S. 4: Foto: Kinder mit Musikinstrumenten. © Getty Images PhotoDisc, Hamburg.
S. 4: Foto: Kind mit Katze im Gras. © IFA-Bilderteam-Weststock, Ottobrunn.
S. 4: Foto: Familie mit Liegestühlen am Strand. © MEV, Augsburg.
S. 5: Foto: Kinder schauen ins Buch. © Corbis (O'Brien Productions), Düsseldorf.
S. 5: Foto: Junge liegt in der Hängematte. © Corbis, (LWA-Dann Tardif), Düsseldorf.
S. 5: Foto: Kinder mit Eltern beim Fahrradausflug. © Corbis (LWA-Stephen Welstead), Düsseldorf.
S. 5: Foto: Kinder auf dem Schulhof. © Corbis (Kevin Cozad), Düsseldorf.
S. 8: Foto: Wiesel. Wildlife, Hamblin, M., Hamburg.
S. 8: Foto: Wiesel in seinem natürlichen Lebensraum. Okapia, Hecker, F., Frankfurt.
S. 8: Foto: Wiesel im Wasser. © Okapia, Danegger, M., Frankfurt.
S. 13: Cover: Salah Naoura. Der große Hund ist weg! © Verlag Friedrich Oetinger, Hamburg.
S. 14: Foto: Katzenmutter mit vier Jungen. © Reinhard-Tierfoto, Heiligkreuzsteinach.
S. 25: Cover: Peter Härtling. Sofie macht Geschichten. © Beltz & Gelberg Verlag, Weinheim & Basel, 1987.
S. 26: Illustration aus dem Buch „Weißt du eigentlich, wie lieb ich dich hab?“ (Hase auf Baumstumpf und Hase mit ausgestreckten Armen) Illustrations from the book GUESS HOW MUCH I LOVE YOU © 1994 Anita Jeram. Reproduced by permission of Walker Books Ltd. Published in German language by Patmos Verlag GmbH & Co.KG.
S. 26: Cover from the book GUESS HOW MUCH I LOVE YOU © 1994 Anita Jeram. Reproduced by permission of Walker Books Ltd. Published in German language by Patmos Verlag GmbH & Co.KG.
S. 27: Foto: Mädchen mit Hund. © MEV, Augsburg.
S. 27: Foto: Mädchen mit Wellensittich. © Mauritius, Müller, J., Mittenwald.
S. 27: Foto: Kind mit Hamster. © Mauritius, Steimer, Mittenwald.
S. 27: Foto: Mädchen mit Hase. © MEV, Augsburg.
S. 42: Foto: Mädchen mit Kalb. © Corbis, Miller, R., Düsseldorf.
S. 45: Cover: Warst du schon mal in Panama? Franz David Baumann, Janosch. Deutsche Grammophon.
S. 50: Cover: Renate Welsh. Das Vamperl. (Lesebär) © dtv junior, München 1981, 19. Auflage 1997.
S. 50: Cover: Marjorie Weinmann Sharmat, Nick Nase, der große Detektiv/Umschlagillustration: Detlev Kersten, aus: Marjorie Weinman Sharmat: NICK NASE, DER GROSSE DETEKTIV © der deutschen Ausgabe 1997 by Ravensburger Buchverlag Otto Maier GmbH, Ravensburg.
S. 50: Cover: Cornelia Funke. Lilli, Flosse und der Seeteufel. (Schatzinsel) © 1998 by U. Fischer Taschenbuchverlag, Frankfurt.
S. 52: Foto: Cornelia Funke. © Wolfgang Stelljes, Bad Zwischenahn.
S. 52: Cover: Eva Kutter (Hrsg.). Die schönsten Erstlesegeschichten von Cornelia Funke. (Schatzinsel) © by U. Fischer Taschenbuchverlag, Frankfurt/Main, 2002.
S. 52: Cover: Cornelia Funke/Daniela Kulot. Dicke Freundinnen. © Verlag Friedrich Oetinger, Hamburg, 1998.
S. 52: Cover: Cornelia Funke. Greta und Eule, Hundesitter. (Schatzinsel) © by U. Fischer Taschenbuchverlag, Frankfurt.
S. 52: Cover: Emma und der Blaue Dschinn. Igel records. © Aktive Musik, Dortmund.
S. 54: Foto: Bibliothekarin mit Kindern. © Avenue Images GmbH|(Index Stock/Orton,Richard), Hamburg.
S. 54: Foto: Stadtbibliothek. Klett-Archiv, Schlienz, M., Stuttgart
S. 55: Foto: Bibliothekarin bei Lesehilfe. © Corbis, Palmer, G., Düsseldorf.
S. 55: Foto: Bibliothekarin bei Führung. © Getty Images, Ledner, C., München.
S. 70: Foto: Eule. © Corel Corporation, Unterschleissheim.
S. 83: Foto: Schlafplatz eines Igels. © Helga Lade Fotoagentur, Geoff du Feu, Frankfurt.
S. 85: Cover: Ulli Schubert: Lesepiraten, Kuschelgeschichten. © Loewe Verlag, Bindlach, 2001.
S. 98: Kinder-Portraits: Klett-Archiv, Groß, Peggy, Stuttgart.
© Mauritius (Coll, Age, Dolphin Productions und Lehn), Mittenwald.
© Helga Lade Fotoagentur, E.R.N.S.T., Frankfurt;
S. 101: Foto: Frischkäsedipp. © Helga Lade Fotoagentur (Weiss).
S. 107: Foto: Hund, schnüffelnd. © Mauritius, Pokorski, Mittenwald.
S. 107: Foto: Ratte. © Getty Images, TAXI/Geoff Du Feu, München.
S. 107: Foto: Biene mit Fühlern. © Corel Corporation, Unterschleissheim.
S. 107: Foto: Stubenfliege auf Nahrung. © Arco Digital Images, Holzenbecher, W., Lünen.

S. 109: Cover: Dr. Seuss. Jeder Tag hat eine Farbe. © C. Bertelsmann Jugendbuch Verlag, München, 1997.
S. 115: Foto: Lutscher. © MHFotoDesign.
S. 115: Foto: Salzstreuer. © MEV, Augsburg.
S. 115: Foto: Zitrone im Querschnitt. © Stockfood Photo Stock Agency, Morris, St., München.
S. 120: Foto: Großbritannien; Schafherde an der Küste von Kimmeridge. © FOCUS, Snowdon/Hoyer, Hamburg.
S. 120: Foto: Großbritannien; Stonehenge. © Okapia, Frankfurt.
S. 120: Foto: Großbritanien; Cornwall, Südengland. © Mauritius (Pigneter).
S. 120: Foto: Großbritannien; Tower Bridge, London. © Mauritius, Vidler.
S. 120: Foto: Großbritannien; Cambridge. © Helga Lade Fotoagentur, P. Thompson.
S. 123: Foto: Thomas Gainsborough: The cottage girl. © Courtesy of The National Gallery of Ireland, Dublin.
S. 124: Foto: Junge und Mädchen in Schuluniform. © Bildagentur-online, Shout, Burgkunstadt.
S. 132: Foto: Wembley Stadion, London. © Corbis, Stockwell, S., Düsseldorf.
S. 133: Foto: Küste, Südengland. © Corbis, Ergenbright, Düsseldorf.
S. 133: Foto: Küste, Wales. © Corel Corporation, Unterschleissheim.
S. 133: Foto: Küste, Nordirland (Giants' Causeway). © Corbis, Ergenbright, R., Düsseldorf.
S. 133: Foto: Küste, Schottland. © Corel Corporation, Unterschleissheim.
S. 134: Foto: Kinder spielen „Himmel und Hölle". © Mauritius, AGE, Mittenwald.
S. 136/137: Cover und Abbildungen: Briefe von Felix. Annette Langen und Constanza Droop, Briefe von Felix © 1994 Coppenrath Verlag, Münster, Germany.
S. 150: Foto: Spielende Kinder auf der Wiese um 1950. © AKG, Almasy, P., Berlin.
S. 151: Foto: Mädchen in Turnhalle, am Turngerät. © Avenue Images GmbH, ImageSource/RF, Hamburg.
S. 152: Foto: Heuernte, Landwirtschaft historisch. © ullstein bild, Leithäuser, Berlin.
S. 152: Foto: Familie, historische Heimarbeit. © ullstein bild, Berlin.
S. 153: Foto: Fahrradausflug. © Corbis, LWA-Welstead, St., Düsseldorf.
S. 153: Foto: Familie bei Frühstück. © Mauritius, AGE, Mittenwald.
S. 155: Cover: Hörtest. Grimms Märchen. Erzählt von Manfred Steffen. © Deutsche Grammophon.
S. 167: Klett-Archiv, A. Hock-Schatz, Zell, Stuttgart.
S. 171: Cover: Janosch. Janosch erzählt Grimm's Märchen. © Beltz Verlag, Weinheim & Basel, 2001.
S. 171: Illustration aus dem Buch „Janosch erzählt Grimm's Märchen". © Beltz Verlag, Weinheim & Basel, 2001.
S. 180: Foto: Sonnenblumen. © Corbis, Binzen, B., Düsseldorf.
S. 181: Foto: Spinnennetz mit Tautropfen. © MEV, Augsburg.
S. 182: Foto: Natur im Nebel. © FOCUS, Benn, N., Hamburg.
S. 183: Foto: Äpfel und Apfelstücke. © Corbis, RF, Düsseldorf.
S. 193: Cover: Tilde Michels. Es klopft bei Wanja in der Nacht. © dtv junior.
S. 196: Cover: Sven Nordquist. Aufruhr im Gemüsebeet. © Verlag Friedrich Oetinger, Hamburg.
S. 198: Foto: Zugspitze. Bildagentur Schapowalow, Huber, Hamburg.
S. 201: Cover: Christine Nöstlinger. Geschichten vom Franz. © Oetinger Verlag, Hamburg, 1997.